DRAMATIQUE

RECUEIL DE PIÈCES NOUVELLES.

N° 21

Théâtre du Cirque-Olympique.

...ER LA BOHÉMIENNE,

NOUVEAUTÉ EN TROIS ACTES.

50 CENTIMES

PARIS,

RUE D'ENGHIEN, N° 10,

ET AU MAGASIN DE N. TRESSE, LIBRAIRE,

PALAIS-ROYAL, GALERIE...

18...

ANITA
LA BOHÉMIENNE,

DRAME-VAUDEVILLE EN TROIS ACTES,

PAR MM. CARMOUCHE ET FERDINAND LALOUE,

Représenté pour la première fois, à Paris, sur le théâtre national du Cirque-Olympique,
le lundi 19 avril 1841.

DISTRIBUTION :

BRULOT......................	M. LEBEL.	ZINGO.........................	M. LANGLOIS.
PATOCHON..................	M. FERDINAND.	TIGRI	M. GONTARD.
ADRIEN.......................	M. EDM. GALAND.	UN BRIGADIER.................	M. LÉCOLLE.
ZEBRO........................	M. PATONNELLE.	UN HABITANT..................	M. PRÉAULON.
GONZALÈS...................	M. SALLERIN.	UN DOMESTIQUE espagnol....	M. GLAÇON.
GILÈS	M. DUPUIS.	ANITA.........................	Mlle SOPHIE.
LE COLONEL..................	M. CHÉRI.	JUDITH	Mme DELILLE.
UN OFFICIER.................	M. MORET.	SOLDATS, BOHÉMIENS, PAYSANS.	

NOTA. Dans les villes de départemens où les théâtres n'emploient pas de chevaux, on remplacera le 9me hussards par un régiment de chasseurs, infanterie, et il n'en résultera que le changement de quelques mots dans le courant de la pièce.

La scène se passe en Espagne.

ACTE I.

Le théâtre représente une gorge de montagnes. Le lieu de la scène est aride, sombre et très accidenté. On voit, à droite, une espèce de hutte faite de branchages ; à gauche, une tente grossière.

SCÈNE I.

(Au lever du rideau, tableau d'une halte de Gitanos. LES HOMMES sont campés pittoresquement, et par groupes, sur les rochers, sous la tente et autour des feux allumés. La jeune bohémienne ANITA, entourée de ses compagnes, est censée répéter des chants et des pas qu'elles exécutent sur les places publiques.)

CHŒUR.

Air : Rayons dorés, tiède zéphyr.

Des Gitanos, femmes et filles,
Répétez donc les fandangos,
Et les joyeuses seguedilles
Que vous/nous paîront les hidalgos.

ANITA.
Chantez aussi sur vos guitares,

Pour plaire aux senors de Madrid,
Les combats des tyrans barbares,
Et les hauts faits du noble Cid ;
De vos vieux chrétiens la vaillance,
Et les récits de l'Alhambra.

(Le chœur reprend.)

(Après le chœur et la danse qui l'accompagne, les femmes, formant aussi plusieurs groupes, vont prendre place sur le ravin des montagnes. — Sur un appel que Zébro fait avec son tambourin, tous les hommes se réunissent en conseil autour de la tente.)

ZÉBRO, s'adressant aux bohémiens. Enfans de Bohême ! avez-vous jamais eu parmi vous plus habile bohémienne que cette gracieuse Anita ? Eh bien ! celle qui doit enrichir la tribu, qui peut changer en bien-être la misère que nous traînons à notre suite, un moment suffit pour vous la faire perdre... le dégoût que peut lui inspirer notre vie errante !.. un caprice !.. un amour, peut-être ! Ne serait-il pas prudent de nous l'attacher à jamais ?

TOUS. Et comment ?

ZINGO. Elle est d'origine française !..

ZÉBRO. Qu'importe !.. les bohémiens n'ont pas de patrie !

UN GITANO. Non !.. mais tous ils sont enfans de la tribu.

ZÉBRO. Eh bien ! elle y choisira un époux ! Ne serons-nous pas tous heureux et fiers de nous disputer la perle des *Gitanas ?*

LES JEUNES. Oh ! oui ! oui !

ZINGO. Mais, Anita consentira-t-elle ?

ZÉBRO. Il y a quatre ans, nous l'avons relevée sur la route de Valladolid, auprès du corps d'un vieux soldat que les guérillas avaient massacré... nous avons donné la sépulture à ce corps dont elle ne voulait pas se séparer... N'a-t-elle pas dit alors : « Je n'ai plus de père... je suis seule au »monde... voulez-vous que je vive parmi vous ? » Parlez !.. êtes-vous d'avis qu'Anita soit reçue ?

(La vieille Judith paraît sur la montagne, et voyant cette réunion, elle s'arrête et écoute.)

SCÈNE II.

LES MÊMES, JUDITH, écoutant de loin.

ZINGO. C'est contraire à l'usage !

ZÉBRO. Vieux radoteur !.. Qu'importe l'usage, quand il s'agit de nos intérêts ?

LES JEUNES BOHÉMIENS, avec force. Oui ! oui !

LES VIEUX. Non ! non ! non !

ZÉBRO, après avoir examiné l'assemblée. Dans les voix du conseil... comme dans les dangers, la vieillesse n'est pas en force !.. La réception d'Anita est décidée !..

JUDITH, s'avançant, et fermement à Zébro. Zébro, ce que tu fais là te portera malheur !

LES VIEUX, avec joie, LES JEUNES, riant. Ah ! Judith !..

ZÉBRO, à part. La peste soit de son arrivée !

JUDITH, s'adressant à tous. Oui, c'est Judith, votre sœur de Bohême... celle qui a quitté la tribu vagabonde pour se fixer dans la montagne et tenir une mauvaise auberge où il se fait encore quelques bonnes affaires pour vous, car c'est elle qui vend pour votre compte les bas, les résilles que vos femmes tricotent ; et, vous le savez, dans ma *posada*, vous trouvez toujours en cas d'orage quelques bottes de paille fraîche pour vous coucher, et quelques vieilles carabines pour vous défendre.

ZÉBRO. Nous le savons. Après ? Que viens-tu faire ici ?

JUDITH, indignée, et se croisant les bras. J'ai appris que tu parlais d'attacher à la tribu cette Anita, cette petite aventurière !..

LES JEUNES. Ah ! ah ! ah !

JUDITH, qui les regarde. Riez, riez ! imbécilles que vous êtes !.. Ils ont bien donné dans le piége que tu leur as tendu !..

ZÉBRO, la tirant vivement, à part. Tais-toi ! Que veux-tu dire ?

JUDITH, à mi-voix, avec force. Que j'ai lu dans le grimoire de ton âme : tu veux la leur faire adopter, pour que la nouvelle Gitana soit ta femme, contrairement à l'usage !.. car, dans le bon temps, les Gitanos de race pure ne se mariaient jamais... leurs enfans étaient tout simplement fils de la terre et du ciel !

ZÉBRO. Ou de l'enfer... comme toi !..

JUDITH. C'est possible... Donc, tu ne peux, d'après nos lois, te marier que si tu renonces à ton état, à tes frères.

ZÉBRO. Moi, qui suis leur chef !..

JUDITH. Et si tu y renonces pour rentrer dans la vie ordinaire, tu es déjà lié par des sermens à une autre femme !

ZÉBRO. Ah ! ah !.. tu crois cela ?

JUDITH. Comment ! traître... Et moi !.. à qui tu promets de donner ton cœur et ta main depuis plus de onze ans !..

ZÉBRO, riant. Pour une vieille bohémienne, tu devrais bien deviner qu'on ne tient guère une chose que l'on promet depuis si long-temps !

JUDITH. Ingrat ! tu as donc oublié que, pour toi, Judith a eu le dévouement, les soins, l'amitié d'une mère ?..

ZÉBRO. Raison de plus... Comme tu pourrais être ma mère, tu ne peux plus être ma femme !

JUDITH. Ah ! tu veux la guerre entre nous ?.. J'invoquerai contre toi tous nos compagnons !..

ZÉBRO. Zébro ne craint personne.

JUDITH. C'est ton dernier mot ?

ZÉBRO. Oui, et je serai bien aise que ce soit aussi le tien !

JUDITH. Traître !.. parjure !.. je me vengerai !.. Ah ! tu me braves !.. tu manques à ta promesse ?.. Eh bien ! moi, je t'en fais une que je tiendrai, je te le jure !..

ZÉBRO, avec ironie. Et laquelle ?

JUDITH. Celle de te faire pendre !

ZÉBRO. Bah ! tu n'es pas plus habile que l'inquisition : depuis long-temps elle me menace de cette mauvaise plaisanterie... Va radoter dans ta vieille auberge, vous êtes bien ensemble.

JUDITH. Ah ! j'étouffe de colère !.. Adieu, Zébro ! que ta française ne tombe jamais entre mes griffes !

ZÉBRO. Va-t'en donc... ta figure de l'autre monde effraie notre gentille élève !.. (Judith veut parler, suffoque, s'éloigne et va rejoindre un groupe de vieux bohémiens. Allant près des femmes.) Anita !.. viens ici, rossignol des montagnes !...

ANITA, s'approchant avec timidité. Que voulez-vous, seigneur Zébro ? (A part.) Il me fait trembler !..

ZÉBRO. Approche donc... plus près... Est-ce que je te fais peur ?

ANITA, voulant sourire. Oh !.. non, non, Zébro... Je sais que vous êtes bon pour la pauvre Anita.

ZÉBRO. Es-tu contente de la vie que tu mènes parmi nous ?

ANITA. Contente ?.. oui !.. Vous m'avez appris vos chants, vos danses, vos jeux... et je dois payer l'hospitalité que j'ai reçue parmi vous.

ZÉBRO. Alors, c'est par reconnaissance ? Et...

il n'y a pas un autre sentiment un peu plus tendre pour moi, pour celui qui te préfère aux plus séduisantes beautés de toutes les Espagnes?

ANITA, avec malice. Ah! vous m'avez promis de ne plus me parler de cela!.. Vous savez bien que la véritable Gitana doit plaire à tout le monde, paraître aimable, gentille, inspirer de l'amour, de la tendresse... et n'en prendre jamais!.. vous me l'avez dit!.. Adieu, seigneur Zébro!

ZÉBRO. Un instant... jeune biche sauvage!.. (A part.) Il n'y a que ce moyen-là!.. (Haut.) Tu ne voudrais donc jamais revoir la France?..

ANITA, revenant vivement. Ah!.. la France... c'est là que sont tous mes souvenirs de jeunesse... là était ma mère, que j'ai vu mourir!.. Est-ce que vous voudriez m'y laisser aller?

ZÉBRO. Toi, y retourner!.. quitter l'Espagne!.. c'est impossible!

ANITA, hésitant. Oh! mais, je reviendrais... car c'est aux pieds d'une de ses montagnes que je suis devenue orpheline... La terre d'Espagne a gardé mon père... Je voudrais revoir la France, le village où je suis née, et revenir ici pleurer... Le malheur m'a fait de ce pays une seconde patrie.

ZÉBRO. Si tu dis vrai?.. ce vœu que tu formes pourrait s'accomplir, à une seule condition!

ANITA. Vraiment?.. Ah! que je serais heureuse!

ZÉBRO. Pour que mes frères consentent à te laisser revoir ton pays, il faut qu'une réception solennelle t'attache à nous pour jamais...

ANITA, à part. O ciel! (Haut.) Pour jamais!.. A quoi bon?.. N'ai-je pas promis?

ZÉBRO. Ta jeunesse, ta grace, ton innocence, sont, pour toi, des dangers de tous les jours... Il te faut un protecteur... (Avec intention.) et il faut bien qu'enfin tu puisses prendre un époux!..

ANITA, vivement et agitant la tête. Un époux... à quoi cela sert-il?.. Je n'en ai pas besoin... je n'en veux pas!

ZÉBRO. Propos de jeunes filles... elles n'en veulent jamais, et elles en prennent toujours!

ANITA. Pas moi, non... non! personne!

ZÉBRO, à part. Une fois des nôtres, il faudra bien qu'elle cède à mon amour! (Haut.) Enfin, je dois te signifier la résolution du conseil : il a décidé que tu serais reçue aujourd'hui... à l'instant même...

ANITA. Quoi! sans m'avoir consultée?

ZÉBRO. Tu sais aussi bien que nous tous les secrets de la tribu... Ta liberté serait trop dangereuse... Si tu connaissais la rigueur de nos lois, tu n'hésiterais pas... Pour ceux qui ont seulement la pensée de nous trahir, les plus durs traitemens... quelquefois même le poignard.

ANITA, à elle-même. Mon Dieu!.. et personne ici-bas pour me protéger!

ZÉBRO, qui l'a entendue. Moi!.. quand tu seras notre sœur. (Aux bohémiens.) Approchez, vous autres! une nouvelle Gitana se prépare à entrer dans la tribu.

ANITA, à part. Dieu, j'espère, me déliera des sermens que je vais être forcée de prononcer!

(Les vieillards de la tribu se rangent en cercle. Zingo est au milieu, revêtu d'une robe semblable à celles que portent les patiens dans les autodafés. Anita, qu'on a recouverte d'un long voile blanc, est amenée par quatre femmes vêtues de robes noires et la tête recouverte de capuchons. Zébro, chef de la tribu, tient à la main un poignard nu, et Zingo, de l'autre côté, porte une guitare. Les jeunes bohémiens, pendant le chant qui suit, forment autour de ce tableau une danse bizarre.)

ZÉBRO.

Air de M. Francastel.

Apportez le trépied, le glaive, la mandore,
La plante de ciguë avec la mandragore.

LE CHŒUR.

Les voici, le trépied, le glaive, etc.

ZÉBRO, à Anita, que l'on amène.

Fais ton devoir
Dans ce mystère,
Et ta prière
A l'Ange noir!

LE CHŒUR, avec des cris affreux.

Protégez-nous, ô Belphégor!
Baal!.. et Moloch!.. et Phogor!

ZÉBRO.

Du roi des Égyptiens, des enfans de Bohême,
Gitanos, écoutez Zébro, le chef suprême.

LE CHŒUR.

Des enfans de Bohême,
Des Zingaris anciens,
Parle donc, chef suprême :
Tes vœux seront les miens.

ZÉBRO.

Anita, cette enfant, notre sœur bien chérie,
Veut s'unir à nous désormais,
Et vient abjurer, pour jamais,
Son passé, ses parens, son culte et sa patrie.

ANITA, tremblante, émue.

Abjurer mes parens...

LE CHŒUR.

Oui, tes dieux, ta patrie!

ANITA, à part.

Oh! quelle barbarie!

ZÉBRO.

Profane, en ce moment,
Tu vas prêter serment :
Par le dieu Sérapis!
Par les cornes d'Apis!
Par le feu! par le fer!
Par le ciel! par l'enfer!

(Le chœur peut répéter alternativement ces paroles.)

ZÉBRO, d'une voix forte.

Anita, répétez la formule terrible!

ANITA, à part.

Oh! mon Dieu! répéter cette formule horrible!

(On l'entraîne près du trépied ou de l'autel de forme bizarre, on lui fait tendre la main gauche. On entend, dans le lointain, les tambours français battant la marche, et une musique militaire éclatante.)

TOUS étonnés, prêtant l'oreille.

Silence! entendez-vous au loin ce bruit terrible?..

(Le chant s'arrête. Les danseurs restent dans la position où les a surpris le bruit des tambours. Tableau qui peint l'anxiété générale. Anita, qui a arraché son voile, exprime sa joie.)

zébro. Malédiction ! ce sont les Français !
zingo. Que faire?
zébro. Fuir au plus tôt !.. Allons, allons, qu'on ploie la tente !.. qu'on charge les mulets... Nous trouverons dans la Sierra de Léone un lieu sûr pour terminer la cérémonie de la réception d'Anita.
anita, à part. Anita, je l'espère, ne sera jamais à vous.

MORCEAU SUR LEQUEL SE FONT LES PRÉPARATIFS DU DÉPART.

Air: Partons vite. (chaste suzanne.)

ENSEMBLE.

LES FEMMES.
Partons vite !
Qu'on évite
La poursuite
De ces soldats.
Le silence,
La prudence,
Vont, je pense,
Protéger nos pas.
Sans bruit,
Suivons la peur qui nous conduit ;
Dans ces rochers, allons bien vite,
Cacher nos pas sans bruit.

LES HOMMES.
Plions notre tente,
Cherchons un abri là-bas,
Leur présence m'épouvante,
Car leur rage combattante
Sème la mort sur leurs pas.
Par une marche prudente...
Fuyons le Français maudit ;
Vous, là, sans bruit,
Chacun s'enfuit...
Vous, là, nous, ici... fuyons sans bruit !

SCÈNE III.

(Entrée de l'armée française. La troupe bat en retraite et marche en faisant des feux de chaussée. On place des sentinelles et des vedettes.)

le colonel. Allons, Messieurs, nous avons passé ce défilé sans avoir à regretter un seul homme... c'est du bonheur dans ce maudit pays, où chaque buisson cache une maudite carabine !
un officier. Lorsque je marchais au front de la colonne, un soldat dépêché par le colonel du 9e hussards, m'a prévenu que la compagnie qu'il nous avait donnée pour éclairer notre marche n'avait pas reparu au régiment !
le colonel. Se serait-elle égarée dans ces défilés ? Je suis d'une inquiétude mortelle sur mon fils, sur mon pauvre Adrien.
l'officier. Colonel, il ne faut pas vous inquiéter si vite... le maréchal-des-logis Adrien est un jeune homme plein d'adresse, de courage et de prudence.
le colonel. Les balles choisissent souvent ceux-là de préférence ! Ce qui me fait trembler, c'est son amitié avec François Patochon et le

trompette de hussards Brulot, dont l'audace et l'emportement peuvent l'avoir exposé.
l'officier. Ah ! oui, les trois Parisiens, comme les ont nommés leurs camarades... les trois inséparables !.. Ils se feraient tuer les uns pour les autres !..
le colonel. Et, voyez-vous, je ne me consolerais jamais, si je ne pouvais ramener à sa mère son fils, notre unique enfant, qu'elle m'a confié avec tant de larmes.
l'officier. Ne désespérez pas encore... ce sont trois braves !.. Brulot est un vieux soldat, habitué à cette guerre de broussailles !.. Ils auront été entraînés en poursuivant quelques grenadiers de M. l'abbé Mérino.
le colonel, remontant. Messieurs, ce moment de halte nous doit suffire... En route ! Pour rejoindre le corps du maréchal Suchet, nous avons encore cette montagne à tourner.

(Les officiers donnent l'ordre du départ. La troupe reprend sa marche.)

SCÈNE IV.

(L'armée défile par le flanc droit de la montagne, et, du côté opposé, venant du bas du ravin, paraissent Gonzalès et Gilès. Ils entrent avec précaution. Gonzalès suit des yeux la marche des Français.)

gilès, à voix basse. Mon oncle !.. (Plus haut.) mon oncle !.. (Criant.) mon oncle !
gonzalès, accourant. Qu'y a-t-il donc?
gilès. Il y a... que j'en ai assez... je crois même que j'en ai trop. A dater d'aujourd'hui, je vous déclare que je ne conspire plus du tout... j'aime mieux vendre du vin !..
gonzalès, revenant et écrivant sur son carnet. Imbécile ! est-ce conspirer que de servir son pays contre l'invasion de l'étranger ?
gilès. C'est possible. Vous suivez les Français pour aller dire aux chefs de guérillas : Ils ont passé par ici, ils tournent par là... vous les couperez à tel endroit. C'est peut-être bon, tout de même... on en tue quelques-uns, je ne dis pas ; mais tout ça, au risque de se casser le cou dans les rochers ou de se faire fusiller; deux accidents qui sont contraires à mon opinion.
gonzalès, à part. Avec ces instructions, Mina peut les prendre au col d'el Fuente.
gilès, à lui-même. Il m'écoute fort peu... c'est assez malhonnête. (Il marche à pas de loup pour sortir.) Monsieur mon oncle, j'ai bien l'honneur... (Il se trouve nez-à-nez avec Zébro, dont la tête s'élève au-dessus d'un buisson.) Ah ! mon Dieu !.. mon Dieu !
(Il revient, en tremblant, se cacher derrière son oncle.)
gonzalès. Qu'as-tu donc?
gilès. Regardez à gauche... regardez à gauche, sans faire semblant... ayez l'air de loucher, ce sera plus naturel.
gonzalès. Qu'as-tu vu?
gilès. Je crois que c'est une figure... je crois... parce qu'il m'a semblé voir des yeux, un

néz et une bouche... A part cette légère ressemblance avec la face humaine, je croirais que c'est le diable... de grands bras noirs... un bonnet rouge...

GONZALÈS. Eh ! poltron !.. c'est sans doute Zébro, le chef des Gitanos, que j'attends ici... Ne me voyant pas seul, il n'a pas voulu se montrer.

(Il tire un sifflet qu'il porte à sa ceinture. Zébro paraît.)

GILÈS, à lui-même. Je ne m'étais pas trompé, M. Zébro est horrible.

SCÈNE V.

LES MÊMES, ZÉBRO.

GONZALÈS. Approche... Me reconnais-tu?

ZÉBRO. Vous êtes Gonzalès, le corrégidor de Saint-Patrice.

GONZALÈS. Pourquoi ton campement n'est-il plus ici?

ZÉBRO, de loin. N'as-tu donc pas vu les Français?

GONZALÈS. Avance donc !.. Es-tu toujours patriote?

ZÉBRO. Je serai patriote quand j'aurai une patrie... et les Gitanos n'en ont point.

GONZALÈS. Mais, au moins, tu aimes toujours l'argent?

ZÉBRO. Oui, parce qu'il est de tous les pays.

GILÈS, à part. Pour un individu aussi laid, il raisonne assez juste.

GONZALÈS. La junte a promis deux cents réaux par tête de Français. Veux-tu faire ton profit de ce marché?

ZÉBRO. Il n'est pas mal ! Mais, que me donnerait-on pour ma tête, à moi, s'ils me la prenaient?

GONZALÈS. L'honneur qui attend les défenseurs de l'Espagne... la gloire !

ZÉBRO. Merci de la gloire ! Elle n'enrichit pas toujours ceux qui la méritent.

GILÈS, à part. Cet homme, quoique fort laid de visage, continue à raisonner très juste.

GONZALÈS, impatienté. Mais, enfin, comme tu l'as fait quelquefois, te chargeras-tu de porter cette lettre et ce message au général Mina?

ZÉBRO. Oui, je m'en chargerai, si tu payes d'avance.

GONZALÈS. D'avance !

ZÉBRO. Oui, car, nous autres misérables, on ne nous paye jamais après.

GONZALÈS. Eh bien ! soit !.. (Il lui donne une bourse.) Tu ne me tromperas pas?.. Si tu t'en avisais, tu sais bien que je te retrouverais quelque jour, et quelque part que ce fût !

ZÉBRO. Oh! oui !.. je sais. Quand vous en voulez à quelqu'un...

GONZALÈS, lui donnant des papiers et des tablettes. Si tu parviens à temps au quartier-général, j'espère que la colonne ennemie ne sortira plus de ces profonds ravins où elle s'est follement engagée !.. Tiens ! les Français ont gravi par là... en vue de Saint-Patrice... Je t'attendrai... Songe qu'il me faut une réponse.

AIR: Entendez-vous ces chants de fête. (LUCIE.)

Par les sentiers de ces montagnes,
Suivons le chemin qu'ils ont pris ;
Et puisse le dieu des Espagnes
Foudroyer tous nos ennemis !

GILÈS, soupirant.

Moi, qui suis des plus pacifiques,
J'ai tort de me fourrer, vraiment,
Avec ces hommes politiques...
J'en aurai du désagrément !

ENSEMBLE.

GILÈS.

Par les sentiers de ces montagnes,
Suivons le chemin qu'ils ont pris,
Et puisse le Dieu des Espagnes
Me préserver des ennemis !

GONZALÈS.

Par les sentiers, etc.

ZÉBRO.

Par les sentiers de la montagne,
Suivons les sentiers qu'ils ont pris.
Moyennant des ducats d'Espagne,
Les Espagnols sont nos amis.

SCÈNE VI.

ANITA, qui s'est montrée pendant la scène précédente, paraît après leur départ.

Zébro s'en va... il ne m'a pas vue... J'ai quitté mes compagnes sous prétexte de venir le chercher pour lui dire que les Gitanos veulent partir... mais, en effet, pour tâcher de me sauver, de le fuir ; car, je l'ai appris, il voulait m'enchaîner à jamais à sa tribu pour devenir mon époux !.. Oh ! dieux ! j'aimerais mieux rester fille toute ma vie !.. Et quand j'échapperais à son amour, j'ai à redouter celui de tous ses autres compagnons... Dans leur féroce jalousie, ils veulent me disputer à Zébro !.. Puissé-je leur échapper à tous !.. Mais, par quel moyen? Que devenir, seule, seule au monde ?.. Depuis que j'entends parler des Français, il me prend des désirs d'aller me jeter à leurs genoux... de leur dire, en pleurant : « Je suis une pauvre orpheline... la fille d'un Français, d'un brave comme vous... Oh ! par pitié,.. sauvez-moi des Espagnols, des bohémiens... Accueillez-moi comme des frères ! » Mais je n'ose pas... On m'a dit qu'ils étaient méchans, cruels... et qu'ils ne respectaient pas du tout les femmes... O ciel ! en voici... Cachons-nous !

(Elle se réfugie dans la petite hutte à droite.)

SCENE VII.

(Du haut de la montagne, on voit arriver en éclaireurs des hussards à cheval; deux autres viennent ensuite, puis deux hussards à pied portant sur un brancard un jeune maréchal-des-logis blessé; la marche est fermée par d'autres hussards à cheval.

BRULOT, PATOCHON, ADRIEN.

BRULOT, *posant le brancard.* En v'là une drôle d'étape!.. Cré coquin! qu'il fait chaud sous le beau ciel d'Espagne!.. Et dire que par un beau soleil comme ça il pleut...

PATOCHON. Oui... il pleut des balles!.. Et comme ce pauvre Adrien n'avait pas de parapluie, le voilà sur le flanc.

BRULOT. Sans compter nos chevaux, qui ont attrapé la prune aussi... Mon pauvre Vol-au-vent va servir de nid à corbeaux!.. Je le regrette d'autant plus que je n'aime pas aller à pied.

PATOCHON. Moi, je suis éreinté aussi... On aura beau dire, j'aime mieux le boulevart du Temple!..

ADRIEN, *se relevant sur le brancard.* Mes pauvres camarades! c'est moi qui ai retardé votre marche... Il fallait me laisser là.

BRULOT. Un camarade d'enfance!.. un ami du faubourg Saint-Antoine!

PATOCHON. Nous sommes venus ensemble... Il faudra que nous retournions ensemble... à moins que nous ne restions ici tous les trois! N'est-ce pas, Brulot?

BRULOT. Tiens, c'te bêtise!.. Le faubourien ne s'en va pas les uns sans les autres.

LE BRIGADIER *du détachement.* Camarades, l'embuscade où nous venons de tomber nous a séparés du corps d'armée... Il ne fait pas bon à marcher par ici une douzaine d'hommes seulement! il faut rejoindre au plus vite...

BRULOT, *reprenant le brancard.* Allons, ça va!

PATOCHON, *de même.* Adrien, tiens-toi bien dans ta chaise à porteurs... Tu es là comme les vieilles marquises de l'ancien régime!..

(Ils font quelques pas.)

BRULOT. Arrête, Patochon... V'là Adrien qui tourne encore de l'œil!...

PATOCHON, *posant le brancard et allant à Adrien.* Eh ben! eh ben!.. mon garçon?

(Il le secoue.

ADRIEN, *ouvrant les yeux.* Je ne sais pas ce qui se passe en moi, mais je me sens mourir au moindre mouvement...

BRULOT. Dame! c'est assez difficile de marcher sans faire de mouvemens!..

Air : Il me faudra quitter l'empire.

C'est mal pavé, leur beau pays d'Espagne!
Pour bien marcher, Paris vaut mieux que ça.
ADRIEN.
Ah! je sens... comme une montagne...
Qui m'oppresse... et m'étouffe... là!..
BRULOT.
Vieux, n' cède pas au mal qui te domine...

Je n' suis pas non plus bien dispos;
C'est le climat d' ces vilains Ostrogoths...
L'Espagn', vois-tu... t'en as plein la poitrine!
Et moi j' peux dir' que j'en ai plein le dos.

ADRIEN. Pourtant je n'ai pas de blessures réelles... Cette balle, qui s'est amortie sur mon baudrier, n'a pu faire qu'une contusion... Mais peut-être que mon dernier jour est arrivé... Je voudrais pourtant bien ne pas mourir sans revoir mon père!..

LE BRIGADIER. Eh bien! restons ici... Il en arrivera ce qu'il pourra!

(Il se rapproche d'Adrien.)

ADRIEN. Non, non, partez... Vous allez vous faire tuer pour moi!

BRULOT, *au brigadier.* Si le détachement reste là avec les chevaux et tout le tremblement... nous serons bientôt pincés... tandis que trois hommes, ça se dissimule plus facilement... Partez, vous autres!

LE BRIGADIER. Je ne puis pas laisser ainsi trois hommes...

BRULOT. Et si, que je vous dis!.. Allez chercher du renfort... Vous tâcherez de faire prévenir le colonel son père... Pendant ce temps-là, nous le soignerons!

ADRIEN. Brigadier, ce que proposent mes camarades est ce qu'il y a de plus sage... seulement j'exige qu'ils s'éloignent avec vous...

BRULOT. Oh! du tout!.. En avant le détachement. *(Il prend sa trompette.)*

Air du Pas redoublé.

J' vais sonner la marche...
PATOCHON, *bouchant vivement la trompette.*
Halte-là!...
Je crois qu' tu perds la boule?..
Les montagnards de la Sierra,
A c' bruit viendraient en foule!..
BRULOT.
C'est juste!.. Cavaliers malins,
Filez vite, en cachette...
Allez-vous-en, comm' des pékins,
Sans tambour ni trompette!

(Le détachement défile par le revers de la montagne.)

◊◊◊◊◊◊◊◊◊◊◊◊◊◊◊◊◊◊◊◊◊◊◊◊◊◊◊◊◊◊◊◊◊◊◊◊◊◊

SCENE VIII.

ADRIEN, BRULOT, PATOCHON.

BRULOT. Nous voilà seuls dans la nature!.. et la nature n'est pas belle ici...

PATOCHON. Il n'y manque de rien... excepté des fruits... des légumes... de l'eau!..

ADRIEN. Pas d'eau?.. et je meurs de soif!

BRULOT. Pauvre garçon!.. il est bien malade, il demande de l'eau! Peut-être bien que ça le remettrait... Faut voir, et puis t'es trop au soleil, là...

PATOCHON. Sous ces arbres...

BRULOT. Ou plutôt dans cette cabutte qui a, sans doute, servi à quelques gardeurs de chèvres...

PATOCHON. Ou à d'autres bandits... Je n'ai pas confiance!.. Voyons dans quel état ça est. (Il entre dans la cahutte, et en sort, tenant Anita par la main.)

Air du vaudeville de Michel et Christine.

Qué qu' c'est qu' ça ?
Qui va là ?

PATOCHON et BRULOT.

Une fille
Assez gentille !

ANITA.

Des Français ! quel bonheur !

ENSEMBLE.

Je sens là que je n'ai plus peur !

PATOCHON, à Anita.

Avancez et n'ayez plus peur.

PATOCHON.

Serait-ce un espion femelle ?

BRULOT.

Parlez... Que faites-vous ici ?

ANITA.

Tremblant d'une frayeur mortelle,
Je me cachais...

BRULOT.

Tiens, nous aussi !
Le mêm' sentiment nous rassemble...
C'est le cas de nous rapprocher :
Puisque tous deux nous voulions nous cacher,
Dit's donc, faut nous cacher ensemble,
Avec moi cachons-nous ensemble.

PATOCHON, faisant retourner Anita. Dans quel régiment servez-vous donc ? Je ne connais pas cet uniforme-là !

ANITA. Je suis une Gitana ! autrement dit, une pauvre bohémienne !..

BRULOT. Ah ! oui, connu ! C'est le même grade que figurante danseuse.

PATOCHON. Eh ! non, tireuse de cartes, tourneuse de bouvelarts, avaleuse d'épées et autres articles !..

ADRIEN, sortant de sa langueur et soulevant sa tête. Comment! une femme ? Ah ! qu'elle est jolie !

PATOCHON. Ah ! tu-as vu ça, toi ?.. Ça va mieux, à ce qu'il paraît ?... (A Anita.) Puisque vous êtes du pays, vous devez savoir où il y a quelque source d'eau ?..

ANITA. Oh ! bien loin d'ici !

BRULOT. C'est que voilà un pauvre garçon qui se meurt de soif...

ANITA, apercevant Adrien. Ah ! mon Dieu ! si jeune... ce serait dommage... Je vais courir... (S'arrêtant.) Mais, attendez donc... j'ai là un de ces limons que nous portons toujours dans la montagne...

PATOCHON. Un citron !.. nous sommes sauvés !

ANITA, coupant le citron. Tenez... pauvre jeune homme ! prenez cela.

ADRIEN, après avoir exprimé dans sa bouche le jus du citron. Ah!.. je me sens mieux, il me semble que je respire plus librement !.. Dites-moi votre nom, ma pauvre enfant.

ANITA. Je me nomme Anita.

BRULOT. M\|\|e Anita, ce que vous avez fait là est bien, pour une Espagnole funambule !

ANITA. Espagnole ? oh! non. Je suis Française comme vous !..

TOUS TROIS. Française !..

ADRIEN. Comment êtes-vous donc venue en Espagne ?

ANITA. Hélas !.. avec mon père, un brave soldat comme vous !.. (Mouvement des autres.) Oui !.. quand j'ai aperçu votre uniforme, j'ai senti battre mon cœur, car il le portait aussi.

BRULOT. Quoi ? du 9e hussards ? Vous êtes donc un enfant de troupe ?

ANITA. Oui, mais je ne croyais pas revoir le régiment !.. et j'ai perdu mon père... Il est mort dans mes bras !..

ADRIEN. Comment se nommait-il ?

ANITA. Bertrand, maréchal-des-logis.

ADRIEN. Qui fut assassiné si cruellement, il y a quatre ans, sur la route de Valladolid ?

PATOCHON. Nous ne l'avons pas connu, mais on en parle souvent dans la compagnie...

BRULOT. Eh ben ! vous êtes une espèce de connaissance, vous ne nous quitterez plus !.. Vous reviendrez en France avec nous... Patochon, il faut partir... Adrien, te sens-tu de force ?

ADRIEN. Tout mon courage est revenu... Cette charmante enfant m'a rendu la vie... Allons !

ANITA. Y pensez-vous ?.. Il est impossible de passer sur la montagne sans être vu de toute la vallée... Attendez que la nuit soit venue...

PATOCHON. Je crois que le conseil est bon ! Dans le jour, je n'ai pas confiance...

ANITA. Conduisez votre ami dans cette cabane... Moi, je veillerai à la porte... Allez, soyez sans crainte... J'écarterai de vous tous les dangers.

ADRIEN, à ses camarades. Comme elle est bonne, hein ?.. Ah ! que ne vous devrons-nous pas ? (Il lui prend la main avec tendresse.)

ANITA. Oh ! rien. Je serai bien heureuse de vous obliger... Ne vous ai-je pas dit que j'étais Française ?

BRULOT. Et du 9e hussards ! En v'là un camarade que je changerais bien contre Patochon, pour la gamelle, la chambrée, etc., etc.

ANITA. Rentrez tous trois, il faut prendre du repos... vous aurez peut-être bientôt besoin de toutes vos forces.

(Musique. Brulot et Patochon, soutenant Adrien par le bras, entrent dans la cabane.)

SCÈNE IX.

ANITA, seule.

Quel heureuse rencontre !.. Là, près de moi, trois Français... c'est presque la patrie !.. Comme mon père, ils servent la France !.. et cet uniforme qu'ils portent me les rend plus chers encore... (Écoutant à la porte de la cabane.) Ils ne parlent plus... ils ont éprouvé tant de fatigue !..

ils reposent... ils ont eu confiance en moi...
Oh ! que j'en suis contente !.. Sous ce costume,
ils ont donc reconnu le cœur d'une compatriote !.. oh ! oui, le jeune blessé surtout...
Comme il est intéressant !.. qu'il a l'air bon !..
comme il m'a témoigné tout de suite qu'il ne
doutait pas de ce que je lui disais !..

PREMIER COUPLET.

Air : Il dort, il dort.

J'ai lu dans ses regards l'amitié la plus tendre...
L'aimer, je le sens là... serait le plus doux bien !..
Qu'ai-je dit? imprudente... Ah ! s'il allait m'entendre.

(Elle entr'ouvre la porte et regarde.)

Il dort !.. il dort !.. il n'en saura rien !
Non, non, jamais qu'il n'en sache rien !

Veillons bien autour d'eux, car il me semble
que ma vie est attachée à la leur !.. à la sienne,
surtout... Il me semble que c'est mon frère... et
peut-être plus encore que cela !.. Mais, mon
Dieu ! le sommeil me gagne aussi... Ah ! (Elle
place le brancard au travers de la porte de la cabane
et se couche dessus.) Comme cela... on ne pourra
pas arriver jusqu'à eux !

DEUXIÈME COUPLET.

De ces pauvres soldats, viens fermer la paupière,
Sommeil si bienfaisant !.. Dans un songe, aujourd'hui,
Qu'il revoie en espoir et la France... et sa mère !..
Et moi... je dors... je dors... mais je rêve à lui !
Malgré moi, je m'endors... oui... mais je rêve à lui !

(Elle s'endort tout-à-fait.)

SCÈNE X.

ANITA, endormie, TIGRI, ZINGO, et quatre autres
BOHÉMIENS.

ZINGO. Eh bien ! vous n'avez pas retrouvé
Anita?

TIGRI. Nous l'avons cherchée vainement dans
la vallée, dans le ravin... Je te dis que c'est
Zébro qui l'a enlevée, et qui se sera enfui avec
elle ! Ne vous êtes-vous pas aperçus de son amour,
vous autres?..

LES BOHÉMIENS. Sans doute !

ZINGO. Parbleu ! moi aussi. Ce n'est pas une
raison pour qu'elle l'aime.

TIGRI. Non, mais il abusera de ses droits de
chef... C'est à nous, jeunes hommes de la tribu,
qu'elle appartient !.. Voyons donc dans le creux
de ces rochers.

(Les Bohémiens se divisent et parcourent le théâtre.)

ZINGO, qui s'est approché de la cabane, apercevant Anita, à mi-voix. Ah !.. la voilà !.. endormie... Je l'ai vue le premier, elle est à moi !..

TIGRI, avançant. A toi !.. (Tirant son poignard.)
Si tu fais un pas !

ZINGO. Déjà?.. ça finira mal !

TIGRI. Pourquoi dis-tu : Elle est à moi?.. Lui
aussi peut le dire... lui !.. lui !.. alors les poi-
gnards... et le sang coule.

ZINGO. Eh bien ! qu'y a-t-il donc de juste ?

TIGRI. Le sort !.. trois coups de dés.

ZINGO. A la bonne heure ! (Aux Bohémiens.)
Qu'en dites-vous ?

LES BOHÉMIENS. Adopté !..

(Les dés sont jetés, le jeu s'engage sur la ritournelle
du jeu dans Robert-le-Diable.)

TIGRI. Douze points !.. vous ne me la dispu-
terez plus, j'espère !..

(Tigri et les autres bohémiens restent silencieux, regardant encore les dés qui ont décidé le sort d'A-
nita.)

ZINGO et les autres. A lui !

TIGRI. A moi... belle Anita.

ANITA. Hein !.. que me voulez-vous ?

TIGRI, l'entraînant. Jouir de ma conquête...
tu m'appartiens...

ANITA, voyant les autres immobiles. O ciel !..
ne me défendrez-vous donc pas ?

(Zingo court à la jeune fille. Pour écarter le danger
des Français, elle le suit. A la vue d'Anita entraî-
née par Zingo, la jalousie de Tigri et des autres
Bohémiens s'exalte ; ils veulent la lui arracher.
Lutte violente dans laquelle Anita est maltraitée.)

Air : Anathème.

TIGRI.

Anita sut me plaire.
Point de cris, de colère.
Suis-moi donc, viens, ma chère,
Couronner mes amours.
Vainement ta voix prie,
J'ai gagné la partie !
Redoutez ma furie,
Et tremblez pour vos jours.

ANITA, éperdue.

Redoutez ma colère,
Laissez-moi, téméraire,
Par pitié !.. Mais, que faire !
Quel sera mon recours ?
Quand ma voix vous supplie,
Ah ! cruel, je vous prie,
Mon honneur, c'est ma vie...
Au secours ! au secours !

LES AUTRES, furieux.

C'est à moi qu'elle est chère !
Anita sut me plaire !
Prétends-tu, téméraire,
M'enlever mes amours ?
D'Anita, si jolie !
Quand la voix nous supplie,
Crains ici ma furie,
Et tremble pour tes jours.

SCÈNE XI.

BRULOT, ADRIEN, PATOCHON.

BRULOT, paraissant sur la porte de la cabane.
Que se passe-t-il donc ici?.. (Apercevant Anita.)
Mille millions du diable !.. notre petite camarade !
(A Adrien et à Patochon, qui ont paru aussi.) Pas-
sez par là derrière, vous autres... armez vos
pistolets, et attention !..

(Ils passent tous trois derrière la cabane, puis on entend sonner une charge de cavalerie. Les bohémiens restent stupéfaits, Anita profite de ce moment d'hésitation pour se rapprocher de la cabane. Adrien et Patochon paraissent et font feu sur les bohémiens. Brulot, les suivant derrière, sonne toujours la charge. Les bohémiens se croyant chargés par un détachement de hussards, prennent la fuite. Anita se réfugie dans les bras d'Adrien.)

BRULOT. Enfoncés les amoureux !

ANITA. Ah ! que je vous rends grâce !.. Je les connais, j'aurais été perdue, déshonorée, sans vous !

Air : Un matelot.

Merci ! merci ! dans ma reconnaissance...

ADRIEN.

Que dites-vous ? enfant du régiment,
C' matin, pour nous, en pareille circonstance,
N'avais-tu pas montré ton dévouement ?

ANITA.

Mon père aussi là-haut vous remercie !
Oui, ce trait-là vous portera bonheur !
Je n'ai voulu vous sauver que la vie,
Et vous venez de me sauver l'honneur !

BRULOT. Ils allaient se battre pour vous. Ces brigands-là n'ont pas encore trop mauvais goût !

ANITA. Ah ! que le ciel me permette de m'acquitter... désormais, toute ma vie est à vous, disposez d'Anita.

ADRIEN. Vous ne nous quitterez plus !.. et comme il ne convient pas qu'une jeune fille soit sous la garde de trois hussards... nous vous conduirons auprès de mon père, et la digne femme du général qui l'a suivi...

ANITA. Mais, pour rejoindre votre régiment, songez donc à combien de périls vous vous exposez !..

PATOCHON. Dame ! il n'y a que cela à faire, cependant...

ANITA. Peut-être vaudrait-il mieux descendre par cette vallée jusqu'au village de Saint-Patrice, qui est encore sous la domination du roi Joseph.

BRULOT. Allons !.. pourvu que je ne quitte pas ma petite camarade, ça me va !..

ANITA, à Adrien. Vous sentez-vous assez fort ?

ADRIEN. Cet instant de repos, et plus encore, je crois, le plaisir de vous avoir tiré des mains de ces misérables, ont dissipé toutes mes souffrances !

PATOCHON, écoutant. Eh ! dites donc !.. il me semble que j'entends du bruit par là... des voix nombreuses... des pas précipités.

BRULOT. Ah ! trompette de Dieu ! ce sont les amoureux qui reviennent en force ! il y a aussi des femmes qui ont l'air d'être de votre régiment, petite camarade...

ANITA. C'est toute la tribu... Laissez-moi faire, et ne craignez rien.

SCENE XII.

LES MÊMES, ZÉBRO, ZINGO, TIGRI, HOMMES et FEMMES de la tribu.

(Les femmes courent à Anita et l'entourent.)

ZÉBRO, à Tigri. Et tu dis que ce sont ces trois hommes-là qui voulaient enlever Anita ?.

TIGRI. Oui !

BRULOT. Dis donc, mal blanchi, est-ce que tu blagues ?

ADRIEN. Nous l'avons arrachée à ces misérables, qui se la disputaient !..

ZÉBRO. Qu'y a-t-il de vrai dans tout cela ? Parle, Anita !..

ANITA. Ces trois Français sont mes libérateurs... et ceux-là... (Elle désigne Tigri et les autres Gitanos.) Ils te trahissaient... (S'approchant et le regardant avec une feinte tendresse.) Ils voulaient m'arracher à toi, à ton amour !..

ZÉBRO, la serrant dans ses bras. Chère Anita !.. tu avais donc lu dans mon cœur ?..

ANITA, d'un ton de cajolerie. Quoique je sois maintenant tout à fait espagnole et... presque Gitana... Ces soldats ont vu le jour dans le même pays qu'Anita... ne pourra-t-elle rien faire pour eux ?

ZÉBRO. Pour eux !.. si... tout ce qui est au pouvoir de Zébro.

ANITA. Donne-leur donc un guide fidèle pour les conduire à Saint-Patrice.

ZÉBRO. N'est-ce que cela ?

ANITA. Que cela !

ZÉBRO. Zingo !.. approche... Tu vas conduire ces trois Français à Saint-Patrice... par une route sûre et cachée. (A part, à Zingo, et tandis qu'Anita s'approche des trois Français.) Tu les jetteras dans l'embuscade de la Croix. (Haut.) Tu me réponds d'eux sur ta tête ! Va.

ANITA, aux trois Français. Suivez cet homme... et quand vous serez à Saint-Patrice, vous demanderez le corrégidor. Il est dévoué au roi Joseph, au roi des Français...

ZÉBRO, à part. Oui, dévoué... qu'ils comptent là-dessus.

ADRIEN, bas, à Anita. Ne venez-vous pas avec nous ?

ANITA, de même, aux trois amis. Non !.. vos dangers ne sont pas finis... je vous servirai mieux en restant avec la tribu... Vous me reverrez à Saint-Patrice.

PATOCHON.

Air : Suivons, suivons cette jeunesse.

Filons ! je n'ai pas confiance,
Adieu, les Gitanos, bonsoir !

ADRIEN.

Faut-il partir sans espérance,
Chère enfant, de jamais vous voir !
Pourquoi ne pouvez-vous nous suivre !..

ANITA, bas et vivement.

Silence !.. méfiez-vous d'eux :
Prenez garde qu'on ne vous livre !..

ZÉBRO, brusquement.

Allons, finissons les adieux !

BRULOT, à lui-même.

J'ai bien l'honneur, vilain tas d'gueux !

ENSEMBLE.

ZÉBRO, à part.

Anita, dans son innocence,
Croit que je cède à son pouvoir;
Mais je songe à la récompense
Que, pour eux trois, j'aurai ce soir.

ANITA.

Ne m'oubliez pas dans l'absence,
Ah ! depuis que j'ai pu vous voir,
De retourner un jour en France,
J'ai conçu le plus doux espoir !

ADRIEN.

Ne m'oubliez pas dans l'absence !
De ses yeux quel est le pouvoir !
Je pars en gardant l'espérance
Qu'un jour, je pourrai la revoir.

PATOCHON et BRULOT.

Filons ! je n'ai pas confiance,
Adieu, les Gitanos, bonsoir,
Je garde l'heureuse espérance
De ne jamais plus vous revoir.

LES BOHÉMIENS.

Ils partent pleins de confiance.
Grace à Zingo, j'ai bon espoir :
Je compte sur la récompense
Que pour eux nous aurons ce soir.

(Les trois Français suivent Zingo et s'enfoncent dans le ravin.)

SCÈNE XIII.

LES MÊMES, excepté les TROIS FRANÇAIS
et ZINGO.

ZÉBRO, à Tigri, etc. A vous autres, maintenant... (Aux bohémiens armés.) Entourez-les !

TIGRI. Que nous veux-tu ?

ZÉBRO. Tu vas le savoir... Connais-tu l'article de nos statuts ?

TIGRI. Mais...

ZÉBRO. Dans le cas où tu l'aurais oublié, je vais te le rappeler. (Il déroule un parchemin.) « Quiconque, dans une intention criminelle et »honteuse, aura exercé des violences sur une »femme ou une fille de la tribu, sera pendu au »premier arbre qui se rencontrera. »Justement, il s'en trouve par ici... (Aux bohémiens armés.) Préparez six cordes !..

ANITA, courant à Zébro. Grace ! grace !

LES FEMMES. C'est mon frère ! C'est mon fils ! Grace ! grace !

TIGRI. Tu abuses de ton pouvoir... tu fausses la loi ! Anita n'est pas de la tribu.

ZÉBRO. Elle a été reçue aujourd'hui même...

TIGRI. Elle n'a pas prêté le serment... Nous avons pu croire qu'elle était libre encore !..

ZÉBRO. Tu mens !

TIGRI. Je suis le moins coupable !.. car, enfin, c'est à moi qu'elle devait appartenir, le sort m'avait favorisé... Nous l'avions jouée aux dés.

ZÉBRO, furieux. Ah ! misérables ! Eh bien ! puisque le jeu vous plaît, vous allez jouer à qui expiera le crime !.. (A Zingo.) Toi, jette les

dés !.. et celui qui aura le mauvais point sera pendu.

(Zingo, Tigri et les quatre autres bohémiens se refusent à jouer; mais, sur un ordre de Zébro, on va les frapper... La partie commence sur l'air de la ritournelle de la partie de dés de *Robert-le-Diable*. Zingo jette les dés, qui roulent à terre. Au moment où tout le monde est penché avec anxiété pour compter les points, on entend des coups de feu dans le ravin.)

ZÉBRO, à part. Les Français sont tombés dans l'embuscade.

ANITA, de même. Ah ! mon Dieu ! des coups de feu... Ils viennent de là !.. (Elle désigne le ravin.) de là, par où ils sont partis !

SCÈNE XIV.

LES MÊMES, ADRIEN, PATOCHON, ZINGO.

(Les trois Français battent en retraite en faisant feu de leurs pistolets et de leurs carabines. Zingo semble fuir comme eux.)

BRULOT, à Zingo. Ah ! vieux jongleur, tu nous as jetés dans les guérillas !.. Voilà pour avoir l'honneur de te remercier de ta bonne conduite.

(Il l'ajuste et l'étend mort d'un coup de pistolet. Toutes les femmes entraînent Anita, qui veut aller vers les soldats français. Les Gitanos se mettent en ligne devant les femmes.)

ZÉBRO, aux Gitanos qui ont saisi leurs carabines. Ajustez-les bien... qu'il n'en reste pas un... la junte nous les paiera.

BRULOT, s'apercevant que ses deux amis ont cessé le feu. Enfoncés !.. (Prenant sa trompette.) Il n'y a plus que cela, si on nous entend.

(Il sonne avec force un appel. Aussitôt débouchent, au galop, les hussards qui ont paru dans les premières scènes. Ils sont suivis d'une compagnie de grenadiers de la garde. Du haut de la montagne et du bas du ravin paraissent aussi de nombreuses guérillas.)

ZÉBRO, voyant changer la face des choses, crie à ses hommes. Ne tirez pas et cachez vos armes ! Que les femmes s'éloignent au travers des rochers !

(Combat. Les Français sont vainqueurs. Les Gitanos, qui étaient à genoux pendant la lutte, s'en vont ainsi en se traînant à chaque groupe et tendant la main.)

LES GITANOS, d'une voix nazillarde.

Air : Entrée de Bazile. (BARBIER DE SÉVILLE.)

Hein !.. Senor, mon camarade,
Donnez-nous la caristade !
Pour vous, dans la fusillade,
Nous avons prié tout bas,
Hein !.. Ne nous oubliez pas !

BRULOT, à Tigri, qui s'est aussi approché de lui. Que je ne t'oublie pas... Non, je te reconnais, vieille canaille... et voilà pour toi !

(Il lui donne un coup de crosse de carabine sur la tête. Roulement.)

FIN DU PREMIER ACTE.

ACTE II.

Le théâtre représente une place de village. A droite, la maison principale; trois fenêtres de la maison praticables. A gauche, un pavillon ayant une porte sur la scène; d'un côté, l'entrée d'une cave, de l'autre, une grande niche pour un gros chien des Pyrénées. Au premier, un balcon, en face du public. De ce côté, le pavillon est entouré d'eau.

SCÈNE I.

Au lever de la toile, les soldats français, hussards et grenadiers, occupent le village; ils arrivent avec étonnement et précaution. Quelques-uns frappent aux portes des maisons.

PATOCHON, ADRIEN, Soldats.

CHŒUR.

Air : pan, pan, Polichinelle.

Pan! pan! mais c'est unique!
Pan! pan! faisons sabbat!
Pan! pan! à la boutique!
Pan! pan!.. ni chien, ni chat!

PATOCHON, près d'une autre porte. S'il n'y a personne, dites-le!.. et que ça finisse!..

LES SOLDATS, revenant. Personne! là-bas, non plus!

ADRIEN. Voilà qui est extraordinaire... c'est pourtant bien le village qui nous avait été indiqué comme appartenant aux Français.

PATOCHON. Ils auront eu des difficultés avec le roi Joseph, le nouveau propriétaire.

BRULOT. Et ils auront déménagé avant le terme.

ADRIEN. Ils se seront imaginés qu'on venait les attaquer... que nous étions au moins trois mille hommes!

PATOCHON. Et nous sommes trois douzaines, pas même le treizième par dessus. Je n'ai pas confiance.

BRULOT. Ah ça! quéqu'nous allons faire! D'abord, les jambes refusent le service!.. Il y a insubordination complète dans les mollets!

ADRIEN. Mais plus loin, nous serions pris infailliblement!.. nous n'avons pu avoir aucune nouvelle de notre corps d'armée!.. et ce muletier que nous avons rencontré nous a dit que l'avant-garde de Mina couvrait toute la plaine et les défilés... Mille tonnerres! quelle situation!..

PATOCHON, Plantés là, en plein vent, comme des abricotiers!

BRULOT. Et pas arrosés, encore!.. voilà l'embêtement!

LES SOLDATS, avec humeur. Cré coquin de commerce!

BRULOT, exaspéré. Voyons... faut que je boive... y a pas de bon Dieu!.. si on ne veut pas que je devienne enragé!.. Enfonçons les portes de tous ces bastringues!..

LES SOLDATS. Oui, oui!..

ADRIEN. Arrêtez, mes amis!.. n'allons pas nous exposer... il ne s'agit pas de se mutiner ici!..

BRULOT. Eh! pardié! sans supérieurs avec nous... nous sommes flambés! y aura pas moyen'

ADRIEN, avec résolution. Si fait! si vous le voulez!.. Il faut faire bonne contenance... et nous organiser ni plus ni moins que si nous étions un corps d'armée... Avec de l'ordre, de la discipline, une seule volonté, n'a-t-on pas vu des poignées de braves résister à la force et au nombre?

BRULOT. Comme disait l'autre jour le colonel, en parlant des Thermopyles!

PATOCHON. Si nous pouvions voir quelque terme aux piles... que nous recevons depuis quelque temps!..

BRULOT. Il faut nous nommer un petit général à nous-mêmes, et bon enfant!..

PATOCHON. Mais, puisque nous n'en avons plus!

BRULOT. Quand n'y en a plus, y en a encore.

Air du Verre.

Les soldats veul'nt êtr' caporaux...
N'en doutez point, mes camarades,
Les conscrits devienn'nt des héros,
Dans l'espoir d'obtenir des grades.
Les Français n'sont point des cagnards,
On peut en fair' des choux, des raves...
Semez des graines d'épinards,
Et vous ferez pousser des braves!

LE BRIGADIER. Eh ben! Adrien! qui a si bien gouverné la retraite... Sans lui, nous ne serions pas arrivés ici!

LES HUSSARDS. Oui, oui!.. Adrien! Adrien!..

LE CAPORAL DES GRENADIERS. C'est ça, il commandera l'infanterie et la cavalerie!

BRULOT. Adrien? ça me va!.. Te v'làg'néral de division... en avant l'épaulette d'or à gros bouillons!

ADRIEN. Moi... mes amis... je ne sais si je dois accepter... il y a parmi nous de plus anciens soldats... et leur expérience.

TOUS. Vive notre général!

ADRIEN. Eh bien! sacrebleu, mes amis, j'y consens... (Souriant.) Ça sera peut-être mon apprentissage!.. mais jusqu'à ce que nous ayons rejoint le corps dont nous faisions partie, on m'obéira ponctuellement, aveuglément, comme si j'avais été nommé par l'Empereur lui-même?

TOUS LES SOLDATS. Oui!.. oui!.. nous le jurons!

ADRIEN. Pour commencer... attention!.. il va y avoir des promotions dans l'armée : En vertu de mon autorité, je nomme le sieur François Brulot, mon aide-de-camp.

BRULOT. Aide-de-camp et trompette?

ADRIEN. Tant pis, tu cumuleras les deux

fonctions. (*Les tambours battent un ban.*) Je nomme le sieur Christophe Patochon, chef de mon état-major !

PATOCHON. Ah ben ! malgré les honneurs, il n'oublie pas les amis ! c'est bien !

(*Nouveau ban.*)

ADRIEN. Le brigadier Gérard est nommé colonel de la cavalerie... et le caporal Durand est promu au grade de colonel de l'infanterie.

BRULOT. Cré coquin, en v'là des crans de montés !.. (*Les tambours battent un ban.*)

(*On entend crier dans la coulisse :*) Allons, marchez !.. Laissez-moi donc !

BRULOT. Ah ! ah ! mon général, v'là deux prisonniers.

SCÈNE II.

LES MÊMES, GONZALÈS et GILÈS, amenés par trois soldats.

GILÈS. Je ne veux pas être prisonnier.

GONZALÈS, *tenu par des soldats.* Qu'on me mène au général !..

LES SOLDATS. Le voilà !.. parle-lui !..

(*Ils le poussent rudement.*)

GONZALÈS, *avec indignation.* Vous, le général ?.. Vous êtes donc déguisé ?..

PATOCHON. C'est possible !.. ça dépend de lui !.. et v'là son armée !..

GONZALÈS, *à part.* Une poignée de soldats !.. Ah ! les poltrons, s'ils m'avaient cru !

BRULOT, *lui faisant sauter son chapeau.* Chapeau bas... quand tu parles à mon général.

GONZALÈS. M'humilier à ce point !..

ADRIEN. Avancez... Qui êtes-vous ?

GONZALÈS. Principal habitant et corrégidor de ce village.

ADRIEN. Pourquoi vous cachiez-vous ?

GONZALÈS. Je ne me cachais pas, je dormais...

GILÈS. Oui, nous dormions !.. c'est une des grandes occupations espagnoles.

ADRIEN, *jetant un coup d'œil à ses amis.* Vous ne voyez ici qu'un faible détachement de l'avant-garde... au moment d'occuper cette place avec nos troupes, nous devons savoir sur quel pied nous serons avec vous... Est-ce amis ou ennemis ? Répondez donc !

GONZALÈS, *d'un air sombre.* Que voulez-vous que je réponde ?.. Vous êtes Français, et je suis Espagnol.

ADRIEN. Enfin, êtes-vous fidèles au roi Joseph, ou au parti des brigands qui nous massacrent dans des embuscades ?

GONZALÈS, *à part.* Des brigands !.. (*Haut.*) Je suis fidèle au roi !

ADRIEN. Ferdinand VII, ou Joseph Bonaparte ? Il ne faut pas faire ici le tartuffe !..

GILÈS, *à part.* Je crains que cet homme politique ne se mette dans l'embarras.

GONZALÈS, *avec effort et impatience.* Puisque nous avons de nouveaux maîtres... je suis fidèle au roi Joseph !

PATOCHON, *bas, à Adrien.* Il fait une drôle de grimace !.. M. le Corrigor !.. Je n'ai pas confiance...

ADRIEN, *à Gonzalès.* Puisque ce village est soumis à l'autorité française... pourquoi les habitans n'ont-ils pas paru ?..

GONZALÈS. Je ne suis pas chargé de répondre pour eux...

BRULOT. Ah ! quand on te parle poliment !.. réponds, ou tu vas te faire tirer l'oreille de la bonne manière.

(*Il le secoue et lui fait faire un demi-tour.*)

GONZALÈS, *furieux.* Misérable !.. porter la main sur moi !..

ADRIEN, *avec force, et les séparant.* Brulot !..

GONZALÈS, *à part, avec rage.* Encore un affront qu'ils me paieront de leur vie !.. j'en jure Dieu et Notre-Dame-d'Atocha !

ADRIEN. Répondez, et ne lassez point notre patience !

GILÈS. Excusez, M. le général... il n'est pas très bavard de son naturel... au lieu que moi, c'est différent... Si les habitans n'ont pas montré leurs nez... c'est qu'ils sont très enrhumés.

BRULOT. Qui te parle, à toi ? A qui es-tu le fils ?..

GILÈS, *interdit.* Je suis le fils à mon oncle que voilà !

ADRIEN. Silence !.. (*A Gonzalès.*) D'après ce qu'on nous a dit... est-il vrai que toute la montagne soit occupée par les guérillas ?

GONZALÈS. Oui.

ADRIEN, *réprime un mouvement d'inquiétude.* Au surplus, il va nous arriver du secours, notre corps d'armée est dans la plaine !

GONZALÈS, *avec un ton amer.* Non, vous n'avez aucun secours à attendre !

(*Mouvement parmi les soldats, qui paraissent inquiets.*)

BRULOT et PATOCHON, *à part.* Ah diable !

ADRIEN. M. le Corrégidor, en cas de besoin... avez-vous des armes, des balles, de la poudre, des munitions ?.. (*Il le regarde fixement.*)

GONZALÈS, *détournant les yeux.* Des armes... de la poudre ? non !

ADRIEN. D'après votre déclaration, songez que si nous en trouvons, vous serez exposé...

GONZALÈS, *à mi-voix.* Oh ! vous n'en trouverez pas !

ADRIEN. Ainsi, camarades, il s'agit de se bien tenir ici... nous allons prendre des postes aux issues de ce village.

BRULOT.

Air : Fille à qui l'on dit un secret.

Quand d'puis deux jours on n'mange rien,
A crever de faim l'on s'expose...
Prendre les postes, c'est fort bien,
Mais il faudrait prendre autre chose,
Un bœuf, des dindons, quéqu's perdreaux...
Demand' donc à ces bons apôtres !..
Nous n'avons vu qu' ces animaux...
L'villag' doit en produire d'autres.

ADRIEN. Vous allez nous fournir deux cents rations de pain, de viande... et six cents pour ce soir...

BRULOT. De vin surtout!

GONZALÈS, se récriant. Sans vous informer si le village n'est pas ruiné, si les habitans ne meurent pas de faim eux-mêmes ?..

ADRIEN. Jusqu'à ce que les vivres soient apportés, je vous garde en ôtage... Envoyez chez les principaux habitans... et si, dans dix minutes, on n'est pas revenu avec les provisions nécessaires, je vous fais fusiller.

GILÈS, effrayé. Fusiller !.. qui ?.. moi ou mon oncle ?

BRULOT. Tous les deux, pour ne pas faire de jaloux.

GILÈS. Merci, Monsieur... je croyais avoir mal entendu... (A part.) Je cesse définitivement de conspirer... j'aime mieux aller rassembler des légumes !..

GONZALÈS, à Gilès qui sort. Il faut obéir... quitte à avoir justice plus tard.

ADRIEN. Justice de quoi ? nous paierons tout ce qu'on nous apportera.

SCÈNE III.

LES MÊMES, excepté GILÈS.

GONZALÈS. Cette réquisition est arbitraire... j'en porterai ma plainte au général.

BRULOT. Le général, le voilà !

GONZALÈS. Nous sommes placés sous la domination française... et nous frapper d'une contribution de guerre...

ADRIEN. Vous n'êtes pas ici pour parler politique.

PATOCHON. Nous voulons manger, et nous en avons le droit.

GONZALÈS. C'est illégal !

Air : Un p'tit baiser n' fait pas d' peine.

De cet acte vexatoire,
J'instruirai le maréchal !..
BRULOT.
Pour moi, je m'en fich' pas mal,
Je vous prirai de le croire.
Illégal ?
C'est égal !
Il m' semb' que manger et boire,
C'est on n' peut pas plus légal.
TOUS.
Très légal !
C'est égal !

(Gonzalès allume sa cigarette, et va s'asseoir dans un coin du théâtre.)

BRULOT. Vivat !.. voilà les vivres... à table.

ADRIEN, à mi-voix, les amenant sur le devant. Mes amis, avant que chacun prenne sérieusement le grade qu'il doit occuper, faisons encore ce repas sans distinction de rang !

SCÈNE IV.

LES MÊMES, GILÈS, revenant à la tête de quelques femmes du village qui portent des provisions.)

BRULOT. Ah ! voilà des cuisinières... des cordons-bleus de l'endroit... Mesdames, j'ai l'honneur de vous saluer.

GILÈS. Braves guerriers français !.. la prospérité toujours croissante de ce beau pays ne nous permet pas de vous donner aucune espèce de gigot ni autres volailles.

BRULOT. Voyons, qu'y a-t-il dans ton buffet ?

GILÈS.

Air du vaudeville de l'Ours et le Pacha.

Mais, des oignons, pas trop montés...
BRULOT.
Diable ! je n' crois pas que j' les aime.
GILÈS.
Des pains qui n' sont pas trop gâtés.
BRULOT.
S'cond servic' ?
GILÈS.
Des oignons tout d' même.
BRULOT.
Ils pouss'nt donc comm' des champignons !..
C' dîner pour moi n'a pas de charmes !
ADRIEN.
C'est bien à tort que tu t' gendarmes...
PATOCHON.
Trois servic's composés d'oignons...
C'est à faire verser des larmes !
Trois servic's composés d'oignons,
J'en verserai long-temps des larmes.

BRULOT. Comme nous n'avons pas soupé depuis hier matin, faut pas êtr' difficiles...

PATOCHON. Et du vin, grande asperge...

GILÈS. Ah !.. nous n'avons pas d'asperges...

BRULOT. Est-il bête... C'est du vin qu'on te demande !..

GILÈS. Mon oncle en vend... Si ces messieurs voulaient y mettre le prix...

GONZALÈS, bas à Gilès. Pourquoi te mêles-tu de mes affaires ?..

GILÈS, de même, à Gonzalès. Laissez donc, je vais leur donner de ce petit nouveau qui est dans les peaux de bouc... il y a de quoi faire danser les chèvres !..

BRULOT. Pas tant de réflexions... Du vin ! grand nigaud d'hidalgo !

GILÈS, poliment. Vous allez être servis. (A part.) Le vainqueur abuse de son pouvoir !.. je vais lui faire mettre de l'eau dans son vin.

(Il sort et revient aussitôt.)

GONZALÈS, d'un air sombre. Puis-je me retirer, maintenant ?

ADRIEN. Oui, mais ne vous éloignez pas !..

(Gonzalès sort. Gilès revient avec une outre que Brulot fait circuler dans les rangs. La gaîté renaît.)

Air : Buvons, etc., du comte Ory.

Buvons grand train !
Pour hier, pour demain,
Buvons ! car le bon vin
Soutient le fantassin...
Bons cavaliers, à table,
Étrillons le chagrin,
Étrillez

L'Espagne est agréable...
Sous le rapport du vin !

(A la fin du chœur, on entend dans la coulisse des accords de guitare.)

GILÈS. Ah ! tiens ! une ribambelle de Gitanas.

ADRIEN, vivement, à lui-même. Serait-ce notre chère petite compatriote ?

GILÈS. Elles choisissent bien leur temps, pour venir danser et chanter... Je vais les expulser par procuration de mon oncle.

BRULOT. Du tout... laisse-les venir... Elles nous divertiront un instant... On dit qu'elles pincent un petit cancan qui nous rappellera la barrière.

SCÈNE V.

LES MÊMES, ANITA et LES BOHÉMIENNES.

ANNITA chante en s'accompagnant de la guitare.

PREMIER COUPLET.

Air : C'est Térésa la sorcière.

C'est Anita, le ciel l'amène,
Écoutez la bohémienne,
    Magicienne !
    La la la la...
        Jeune fille,
        Joyeux drille,
    La la la la,
    Approchez-vous...
    Plus près de nous.
    Payez d'avance ;
        Ma science
        Dans la main,
    Lit le destin !

LE CHŒUR.

Je vous invite
Tous à venir,
Apprendre vite
Votre avenir
Et ce qui doit vous advenir!..
    La la la la !
    C'est Anita,
    La Gitana.
    La la la la...
    C'est Anita,
    Qui sait cela.

(Pendant le chœur, Anita met vivement le doigt sur sa bouche, et fait signe à Adrien de ne rien dire.)

BRULOT. Tiens ! c'est la petite camarade !..

ADRIEN, à mi-voix. Silence ! elle nous fait signe qu'il ne faut pas la reconnaître...

PATOCHON, bas. Méfions-nous !

ANITA, s'approchant d'Adrien.

DEUXIÈME COUPLET.

Beau militaire,
    De la guerre,
Je puis savoir
Le sort, ce soir.
    Tu peux m'en croire,
    La victoire

Trahira
Cette main-là...
La la la la.
L'effroi me glace,
C'est le trépas,
La la la la...
Qui te menace
A chaque pas...
Sur tes dangers , ne t'endors pas !..
La la la la...
C'est Anita,
La Gitana,
C'est Anita
Qui dit cela.

(Les bohémiennes dansent une cachucha animée qui se mêle à la chanson. Anita fait le tour de l'assemblée avec son escarcelle.)

GILÈS. Je n'ai rien à vous donner, ma chère, demandez aux conquérans... Moi, je suis conquis... ce qui fait que je n'ai pas un maravédis.

ANITA, s'approchant d'Adrien. N'oubliez pas la petite Gitana... (Bas.) Méfiez-vous de tout le monde ici... et principalement du corrégidor !.. Il est l'ennemi mortel des Français.

(Après ces mots dits vivement, les bohémiennes l'entraînent et reprennent le refrain de la canzonetta. Les bohémiennes sortent ; le peuple et Gilès les suivent.)

SCÈNE VI.

ADRIEN, BRULOT, PATOCHON, SOLDATS FRANÇAIS.

ADRIEN, à part. Charmante Anita !.. Aurait-elle appris quelque projet de trahison... » Méfiez-vous de tout le monde !.. et principalement du corrégidor ! » (Haut.) Camarades, il faut nous garder ici comme si nous étions entourés d'ennemis, même à l'intérieur du village ! Que les chevaux soient toujours sellés. La moitié des hommes se reposera tandis que l'autre veillera. Suivez-moi, je vais établir notre ligne de défense ?

(Les hussards montent à cheval. Les grenadiers prennent leurs armes. Brulot sonne la marche. Les tambours battent. Ils sortent.)

SCÈNE VII.

(A peine les Français ont-ils disparu qu'on voit Gonzalès sortir furtivement de sa maison. Il frappe trois coups dans sa main, et de chaque maison sortent aussi, avec précaution, des hommes armés; Zébro et Gilès sont parmi eux.)

GONZALÈS, GILÈS, ZÉBRO, HABITANS.

GONZALÈS. Êtes-vous tous réunis ?

UN DES HABITANS. Oui !.. tous ceux qui, dans le village, peuvent ajuster une carabine sont ici.

GILÈS. S'il s'agit de savoir ajuster une carabine, je me retire... Je ne sais rien ajuster du tout !

GONZALÈS, à Gilès. Reste là. (A Zébro.) Et tes hommes, à toi, où sont-ils?

ZÉBRO. Est-ce que tu veux donner une fête aux Français?

GONZALÈS. Je veux les exterminer... ce sera une fête pour le roi d'Espagne...

ZÉBRO. Mes hommes... ne savent que chanter et mendier... la guerre ne nous va pas!.. J'ai pensé que tu avais quelque bonne trahison à me commander... argent comptant!.. Vous n'êtes pas assez nombreux pour agir à force ouverte... la ruse! la ruse! il n'y a que cela pour vous... Ils sont, là, trente soldats aguerris, sur leur garde... Vous ferez brûler le village... et on vous jettera dans le brasier comme des fagots!..

UN DES HABITANS. Ce Gitano a raison... vous n'avez ni femmes ni enfans, vous!

GILÈS. Oh! mes amis, vous oubliez donc qu'il a un neveu... qui lui est bien cher!

L'HABITANT. La prudence veut qu'avant d'agir nous attendions du renfort.

GONZALÈS, en colère. Oui, nous attendrons, et les Français nous échapperont encore!..

GILÈS, avec malice. Eh ben! ça fait que nous profiterons de cela pour leur échapper aussi, nous.

ZÈBRO. Au moins, laissez-les se diviser par petites troupes... Les chefs vont, sans doute, se placer dans quelque maison du village; emparez-vous d'eux, d'abord.

GONZALÈS, Et tu nous aideras?

ZÉBRO. Non... je retourne dans la montagne, où j'ai laissé les femmes de la tribu.

GILÈS. Tes Gitanas?.. Elles sont ici.

ZÉBRO, vivement. Comment! sans mon ordre? Tu les as vues?..

GILÈS. Parbleu! oui... tout à l'heure, et elles ont dansé... Oh! mais, comme des sans-cœur, devant les Français.

ZÉBRO. Et qui as-tu distingué parmi elles?

GILÈS. J'en ai distingué trois qui étaient fort laides!

ZÉBRO. Une jeune fille n'a-t-elle pas chanté?..

GILÈS. Ah! la petite qui pince de la guitare... en disant... La Gitana, la la la! qui sait cela?

ZÉBRO, à lui-même. C'est Anita!.. Les aurait-elle suivis?.. voudrait-elle me tromper?..

GILÈS. Les Français l'ont même assez cajolée... et elle se laissait très bien faire...

(Zébro fait un geste de colère.)

GONZALÈS, à Zébro, qui semble rêver. Eh bien! Zébro, que te passe-t-il par la tête?

ZÉBRO. D'affreux soupçons... de jalousie... qui me décident... Je reste avec toi... et je te servirai!

GILÈS, qui est allé au fond du théâtre. J'engage messieurs les conjurés à se séparer au plus vite et à cacher leurs armes, car on pourrait bien les leur prendre. V'là les barbares étrangers qui reviennent!

ZÉBRO, à Gonzalès. Viens me retrouver dans la maison de Péblo; là, nous aviserons aux moyens de nous débarrasser de ces Français. (A part.) Je les redoute, pour mon amour, plus encore que tous les Gitanos de la tribu.

Air du chœur de Les'ocq.

Ils viennent! De la prudence...
Et, sans bruit, retirons-nous;
Oui, dans l'ombre et le silence,
Allons préparer nos coups.

(Les habitans rentrent, sans bruit, dans leurs maisons. Gonzalès et Gilès restent en scène, à l'écart.)

SCÈNE VIII.

ADRIEN, BRULOT, PATOCHON, GONZALÈS, GILÈS.

BRULOT, en entrant, à Adrien. Mon général, vos dispositions sont flambantes... l'infanterie appuie la cavalerie... les postes sont soutenus les uns par les autres... Je te le dis, Adrien : Quelque jour tu feras honneur au faubourg Saint-Antoine.

PATOCHON. En attendant, si tu peux nous sortir d'ici avec toutes les oreilles que nous y avons apportées, tu feras un fameux coup!

BRULOT. Ah ça! mais, Patochon, je t'ai connu bon. Est-ce que ça ne va plus?

PATOCHON. Ah! quand nous sommes en ligne avec le régiment, je tape à mort!.. mais, ici, il me semble toujours qu'il va me tomber quelque chose sur la tête, ou m'entrer un bout de fer dans les côtes... Non, je n'ai pas confiance!..

GONZALÈS, à part. Zébro a raison... il faut leur rendre toute sécurité.

ADRIEN. M. le Corrégidor, notre troupe est cantonnée, mais il reste encore à loger l'état-major... Je vous prie de vouloir bien nous désigner un logement convenable.

GILÈS. Nous avons là, derrière, une grange où vous trouverez de la paille on ne peut pas plus fraîche.

GONZALÈS, s'avançant avec prévenance. Une grange!.. C'est bon pour les mendians... Je prie le seigneur officier d'accepter ce petit pavillon, où il sera parfaitement isolé et libre.

ADRIEN, à mi-voix. Ah! ah! il prend son parti.

PATOCHON, de même. Il est bien poli... c'est mauvais signe.

GONZALÈS, à part. Comme cela, ils seront sans défiance! (Haut) Quant à ces officiers supérieurs, ils occuperont deux chambres de ma maison... là, en face.

ADRIEN. Fort bien!.. nous acceptons et nous vous remercions, M. le Corrégidor. (A Brulot et à Patochon.) Allez, mes amis, vous avez besoin de repos.

BRULOT. C'est vrai qu'un petit coup de traversin ne fera pas de mal!

PATOCHON. Moi, je ne dormirai que d'un œil! et, si j'entends quelque chose, je ferai aboyer mes chiens... (Il montre ses pistolets.)

GILÈS, montrant la maison aux deux soldats. Par ici... officiers supérieurs!

(Gilès, Brulot et Patochon entrent dans la maison.)

GONZALÈS, à Adrien. Ce pavillon est à vous. (A part.) Allons retrouver Zébro!..

SCÈNE IX.

ADRIEN, un instant seul, ensuite ANITA.

ADRIEN, seul, inquiet. Hum!.. corbleu!.. la position devient difficile!.. Si l'armée ne fait pas un mouvement vers nous, trente hommes ne résisteront pas... Si nous y sommes forcés, nous ferons de ce village un champ de bataille glorieux... et que la mort vienne ici ou ailleurs!.. Pourtant, il me serait doux de remplir la promesse que j'ai faite à cette gentille Anita, de la rendre à sa patrie!.. Je ne puis penser sans émotion à ce petit ange protecteur qui, déjà deux fois, s'est trouvé auprès de nous quand il y a eu un danger à conjurer.

ANITA, qui s'est avancée sur la pointe du pied et qui s'est appuyée sur la chaise où est assis Adrien. Eh bien! l'y voilà encore!

ADRIEN, se retournant. Ah! c'est vous!

ANITA. Toujours moi, quand il faudra vous servir!..

ADRIEN. Pourquoi vous dévouer ainsi à de pauvres soldats?

ANITA. C'est que ces pauvres soldats sont mes frères... mes frères!.. oh! j'aime à prononcer ce mot... il me semble alors que je ne suis plus sans famille!

ADRIEN. Eh bien! oui, soyez notre sœur, restez avec nous! quand je ne vous vois pas... la tristesse, le découragement me prennent!.. et pourtant, hier, je ne vous connaissais pas encore.

ANITA. Je suis contente aussi quand je vous vois!

ADRIEN. Cela est-il bien vrai?

ANITA. Anita ne ment jamais!

ADRIEN, souriant. Excepté quand elle dit la bonne aventure!

ANITA. Ah! alors, c'est mon état!.. le monde ne paie bien que les mensonges!

ADRIEN. Ainsi, moi qui ne vous paie pas, je suis donc sûr d'entendre la vérité?..

ANITA. Oh! cela dépendra des questions!

ADRIEN. Eh bien! si je vous demande une chose qui me chagrine depuis que j'y pense.

ANITA. Quoi donc?

ADRIEN. Si le chef de ces aventuriers que vous nommez des Gitanos, si ce Zébro est amoureux de vous?

ANITA. Oui!..

ADRIEN. Et... si vous ne l'aimez pas, aussi!

ANITA. Non!..

ADRIEN. Songez que ce serait bien mal de me tromper!

ANITA. Ce vilain homme me poursuit de son amour... mais sa tendresse à lui me fait une peur... aussi, je lui ai déclaré que je ne l'aimerais jamais.

ADRIEN. Ah!.. Et à moi, que me diriez-vous?

ANITA, gracieusement. Oh! à vous?.. je ne vous dis rien encore!.. (Bas et vivement.) Parce qu'en ce moment il ne s'agit pas de parler... mais d'agir!   (Elle regarde autour d'elle.)

ADRIEN. Sommes-nous donc encore menacés?

ANITA. Oui... et plus que vous ne l'avez encore été.

ADRIEN. Que faire, donc? si la trahison peut à chaque instant...

ANITA. La trahison! oh! oui!.. mais le ciel me permettra, j'espère, de la connaître et de la déjouer... Songez-y, ce n'est pas ici de la bravoure, du courage qu'il faut... n'allez pas vous exposer!

ADRIEN. Eh bien! je vous le promets!.. car depuis que je vous ai vue... je tiens à la vie... je ne voudrais pas vous perdre!

ANITA. Oh! vous me retrouverez... Je ne veux pas vous perdre non plus!

ADRIEN, lui baisant la main. Charmante!

ANITA, la retirant. Prenez garde!.. il ne faut pas qu'on nous voie causer ensemble... on vous a assigné ce pavillon pour logement, m'a-t-on dit?.. Entrez-y, reposez-vous sans crainte... Si quelque danger nouveau est à redouter... vous me verrez ou bien vous m'entendrez...

ADRIEN. Restez avec moi, car, en vérité, je tremble pour vous!

ANITA. Et moi, j'ordonne!.. Enfermez-vous, crainte de surprise... (Avec de petits gestes, montrant sa porte.) Allez, Monsieur, allez!

ADRIEN, avec gentillesse. Mais c'est une horreur!.. comment, je vais aller me reposer, et je vais vous laisser là, coucher sur la terre, peut-être?

ANITA. Oh! j'y suis habituée.

Air : Si ça t'arrive encore.

Au boudoir d'une Gitana,
  On couche sur la dure :
Un rocher tient lieu de sopha,
Le ciel lui sert de couverture.

ADRIEN.

Dieux! vous si mal... et moi si bien!

ANITA.

Vous dormirez, peut-être!
Moi, je serai comme un bon chien
  Qui veille sur son maître!

(Frappant du pied.) Allez donc, Monsieur! allez donc!.. je le veux!

ADRIEN. C'est différent, j'obéis!

(Elle pousse doucement Adrien dans le pavillon. On voit à l'intérieur Adrien fermer le verrou.)

SCÈNE X.

ANITA, sur le théâtre; ADRIEN, dans l'intérieur du pavillon.

ADRIEN. C'est singulier, l'empire que cette jeune fille a pris sur moi... Attendons les événemens.

ANITA. Ah! je suis dans une inquiétude... Zébro qui est venu... sans doute par les ordres de Gonzalès!.. et il est impossible que ces deux hommes réunis ne complottent pas quelque mauvaise action!.. Il faut rester ici!..

ADRIEN, s'étendant sur un canapé. La lassitude me gagne... et pourtant il ne faut pas dormir!

ANITA, regardant autour d'elle. Mais, où me cacher?

ADRIEN, s'endormant. Malgré moi, mes paupières se ferment... Anita... chère Anita.

ANITA, qui a parcouru le théâtre pour chercher un lieu où elle pourrait se cacher. Rien !.. je serais vue partout !..

Même air.

O ciel ! j'entends quelqu'un marcher !
Ah ! mon embarras est extrême,
Pour entendre, où donc me cacher ?

ADRIEN, qui s'endort.

Chère Anita, bon soir... je t'aime !

ANITA, montrant la cabane du chien.

Mais... là ! là !.. j'y passerai bien !
On ne pourra m'y reconnaître !
Dans la niche, allez, pauvre chien,
Veiller sur votre maître !

(La nuit vient.)

SCÈNE XI.

ADRIEN, dans le pavillon, ANITA, dans la niche, GONZALÈS, ZÉBRO, deux autres ESPAGNOLS.

GONZALÈS, arrivant. Chut !.. silence... (Regardant par le trou de la serrure.) Il est là... il dort !..

ZÉBRO, très bas. C'est le moment !.. entrons !

GONZALÈS, qui a doucement introduit la clé dans la serrure. Malédiction ! la porte est fermée en dedans !

ZÉBRO. Il faut l'enfoncer !

GONZALÈS. Beau moyen !.. pour ne pas l'éveiller.

(Il s'approche et regarde du côté de leur maison.)

ZÉBRO. C'est vrai ! d'ailleurs, au moindre bruit ton infernal chien ferait des hurlemens affreux... Je vais par précaution l'empêcher d'aboyer...

(Il tire ses pistolets et s'élance à l'ouverture de la niche.)

GONZALÈS, qui est revenu près de lui, l'arrêtant. Tu es fou, je crois... Veux-tu faire venir ses deux camarades qui sont logés en face. Mais, comment faire... il faut qu'il meure !..

ZÉBRO. Écoute, il y a un moyen ; veux-tu incendier ta maison ?

GONZALÈS, sans lui répondre. J'ai bien dans les caves qui sont sous ce pavillon deux barils de poudre, et s'il le faut, je puis faire sauter et la maison et l'officier !..

ZÉBRO. Deux barils de poudre et une maison pour un seul homme, ça me paraît du luxe !..

GONZALÈS. Un coup de stilet coûte moins cher et fait moins de bruit ! Ah ! j'y pense, nous n'avons qu'un moyen d'arriver à lui, c'est de prendre le petit bateau qui est au bord de l'étang, et de pénétrer par le balcon.

TOUS. Oui !

GONZALÈS. Eh ! vite ! allons à la barque.

(Ils sortent avec précaution.)

SCÈNE XII.

ANITA, ADRIEN, toujours endormi dans le pavillon, ensuite GILÈS.

ANITA, sortant de sa cachette. Les misérables !.. et comment l'avertir, mon Dieu ?.. (Allant à la porte.) Adrien ! Adrien !..

GILÈS, paraissant à la fenêtre. Qu'est-ce qui appelle ?..

ANITA. Dieux ! on m'a entendue !

GILÈS. Tiens, c'est cette petite saltimbanque ! et que faites-vous donc là, saltimbanque ?

ANITA, qui s'est vivement éloignée du pavillon. Mon bon seigneur... je... je suis une pauvre Gitana... Je chante ! et si vous voulez me donner quelques maravédis...

GILÈS. Du tout !.. j'écoute toujours, et je ne paie jamais. Si ça vous convient, vous pouvez me charmer gratis.

ANITA. Eh bien ! je chanterai pour rien.

GILÈS. Dieu vous le rendra !

ANITA. Un boléro ?.. une ballade ?

GILÈS. Une ballade... je le veux bien, baladine !

ANITA. (Air dans lequel sera une introduction bruyante pour réveiller Adrien ; il paraît et écoute, puis elle lui indique tout ce qu'il doit faire : prendre sa carabine et se poser sur le balcon, comme s'il prenait l'air.)

PREMIER COUPLET.

Air : Voyez sur cette roche. (Ronde de Fra-Diavolo.)

Écoutez Inézille,
Son beau muletier dort bien las ;
Elle qui l'aime, tremble, hélas !
Et lui chante tout bas :
Prenez garde, Pédrille,
Près de vous rôdent les bandits,
N'allez pas ce soir à Cadix ;
J'en ai vu neuf ou dix !..
Tremblez ! ouvrez votre terrasse...
Mon cœur d'effroi se glace,
Ne dors plus !.. Les voilà, les voilà.

ENSEMBLE.

GILÈS.

Ah ! brava !

(Adrien s'est réveillé étonné, s'est mis sur son séant, puis s'est levé et s'approche.)

ADRIEN, tout bas.

Je suis là !

ANITA, avec joie.

Il est là.

DEUXIÈME COUPLET.

ANITA.

Restez sur la terrasse :
L'orage vient... le ciel est noir,
Feignez de prendre l'air du soir,
Et vous pourrez les voir ;
Tenez, leur ombre passe...

(Elle indique le côté de la pièce d'eau.)

Là-bas, portez votre regard,
L'éclair qui brillait par hasard,
A fait luire un poignard ;

2

Tremblez ! prenez votre escopette
Et restez en vedette.
Je les vois... Ils sont là !.. les voilà !

(A chaque indication, Adrien a exécuté ce qu'elle a dit.)

ENSEMBLE,

GILÈS.

Ah ! brava !

ADRIEN.

Je suis là !

ANITA.

Ils sont là.

SCÈNE XIII.

ADRIEN, qui pendant le morceau a suivi toutes les indications d'Anita, GILÈS, à sa fenêtre, criant : Brava ! brava ! GONZALÈS, ZÉBRO, et les deux ESPAGNOLS, arrivant dans une barque au pied du pavillon. — L'orchestre exécute le morceau de la Barque, du Pré-aux-Clercs.

ZÉBRO, bas. Laisse-là tes avirons, toi... tu vas l'éveiller...

GONZALÈS. Arrête !.. nous sommes sous le balcon.

ADRIEN, paraissant au balcon, sa carabine à la main. Ah ! parbleu, bonsoir M. le Corrégidor ! comment vous portez-vous donc ?

GONZALÈS, à part. L'enragé ne dormait pas !

ADRIEN.

Air : Vaud. de la Poupée.

Sans ligne et sans filets, si tard,
Vous promener sur la rivière...
Que diable ici venez-vous faire ?
Je vois... vous pêchez... au poignard !..
C'est une nouvelle manière,
Fort singulière !

GONZALÈS, troublé.

Seigneur, au lieu de vous coucher,
Que faites-vous sur la terrasse ?

ADRIEN.

Tandis que vous veniez pêcher,
Moi, je m'en allais à la chasse,
Je m'amuse à faire la chasse,
Oui, la chasse !

GONZALÈS, à part. Le coquin nous a devinés !..

(La barque s'éloigne.)

ADRIEN. Baissez-vous donc, M. le Corrégidor... je vois quelque chose là dans les broussailles... (Il ajuste sa carabine, les quatre espagnols se baissent effrayés.) C'est un lièvre, je crois. (Il fait feu.) Je l'ai manqué !..

BRULOT et PATOCHON, paraissant aux deux fenêtres qui sont à côté de celle de Gilès. Présent !.. qu'est-ce qui appelle ?

(Anita sort de la cabane en se glissant pour aller au bord de la rivière sans être vue de Gonzalès dont la barque s'éloigne.)

ADRIEN. Au revoir, M. le Corrégidor... bonne pêche !.. mais je vous conseille de choisir un autre endroit... vous ne prendrez rien ici !..

(Il ouvre la porte du pavillon et vient sur le théâtre. Patochon, Brulot et Gilès y arrivent aussi.)

BRULOT, courant à Adrien. Ah ! te voilà, mon pauvre vieux !

PATOCHON. J'ai cru qu'on t'avait attaqué... nom de nom !.. (Braquant ses deux pistolets sur Gilès.) J'aurais commencé par brûler la cervelle à Monsieur !..

GILÈS. Merci de la préférence !.. elle m'honore d'autant plus que je suis incapable d'attaquer personne !

ADRIEN. Ce n'est rien, mes amis !.. trois ou quatre corbeaux qui étaient là sous ma fenêtre... j'ai tiré en l'air pour les effrayer.

(Anita revient et accourt près d'Adrien.)

ADRIEN, bas. Chère enfant !.. je vous dois encore la vie !..

ANITA, de même. Chut ! nous parlerons de cela en France... Renvoyez Gilès.

ADRIEN, à Gilès. Seigneur Gilès, allez prier M. votre oncle de venir me parler, c'est pour le service de la place.

GILÈS. Oh ! très certainement !.. (A part.) D'autant plus volontiers que la société de ces messieurs m'est peu agréable... celui-là surtout, qui ne parle qu'avec la bouche de ses pistolets.

(Il sort.)

SCENE XIV.

LES MÊMES, excepté GILÈS.

ANITA, vivement. Je viens de les écouter... Ils ont juré votre perte... Zébro s'est joint à eux... il a envoyé des avis dans la montagne... les guérillas vont revenir en force !..

BRULOT. Nous nous défendrons, petite camarade !

PATOCHON. Voilà donc qu'on rentre dans ma manière de voir... on commence à se méfier, enfin !

BRULOT. Qu'ils viennent, les guérillas et les guérilleros ! on leur brûlera la moustache !.. et ils seront rasés.

ADRIEN. Eh ! corbleu !.. si ça était possible !.. mais, les munitions qui nous manquent !

LES DEUX AUTRES. Ah ! gredin de sort !

ADRIEN. Je n'ai rien voulu dire pour ne pas vous décourager, il ne nous reste pas une cartouche par homme !

BRULOT. Eh ben ! on en fera !

ADRIEN. Avec quoi ? pas une livre de poudre à notre service !..

BRULOT et PATOCHON. Ah ! misère et compagnie !

ANITA, vivement. C'est de la poudre qui vous manque ?

ADRIEN. Eh ! mon Dieu, oui !

ANITA, à elle-même. Si je m'en souviens !.. Je l'ai entendu, là... Eh bien ! moi, je vais tâcher de vous en procurer...

ADRIEN. Il y en a donc ici ?

ANITA. Oui ! Mais, il faut que je m'y prenne adroitement...

BRULOT, l'admirant. Ah ! ça, mais, vous êtes donc une Providence ?

ANITA. Rentrez vite, et laissez-moi faire !

ADRIEN. Ne risquez pas pour nous...

ANITA. Ne craignez rien! Allez donc! obéissez-moi!

ENSEMBLE.

Air : Contre-danse du Châlet.

ANITA.

Comptez sur moi. Du mystère,
Car les femmes, entre nous,
En fait de ruses de guerre,
Sont bien plus fortes que vous.

ADRIEN, et ses deux amis.

Rentrons vite, du mystère,
Nous n'espérons plus qu'en vous.
Ah! combien elle m'est chère
Par son dévouement pour nous.

SCÈNE XV.

ANITA, un instant seule, puis GILÈS et les GITANAS.

ANITA, à elle-même. Gonzalès a parlé de deux barils de poudre... qui sont dans ce caveau... Si je pouvais les avoir... J'aperçois son neveu... Ce Gilès, il est bien bête... Il faudrait trouver... Ah! quelle idée!.. Oui, c'est cela!

GILÈS. Je viens d'appeler mon oncle, qui fait une partie de bateau sur l'étang... (A part.) Pour un homme politique, c'est un assez drôle de divertissement. (A Anita.) Jeune saltimbanque, voici vos camarades qui vous cherchaient dans tout le village.

ANITA, avec intention. Ah! merci! Oui, oui... parce que nous allons partir.

GILÈS. Ah! vous ferez bien. Il n'y a pas grand'chose à gagner ici, excepté des coups... et j'ai bien envie de partir aussi...

ANITA. Les danses, les chants... cela rapporte peu en temps de guerre... Nous allons tâcher de vendre autre chose!..

GILÈS. Bien! le commerce est une profession que j'approuve...

ANITA, avec intention. Qu'est-ce qu'on peut vendre le mieux à tous ces soldats?.. c'est du vin.

GILÈS, secouant la tête. Ah! comme ça!.. mon oncle dit que les Français ne sont altérés que de sang!.. il s'imagine ça!.. mais, enfin, nous avons du vin de France exquis, et nous ne pouvons pas nous en défaire... à cause du prix!

ANITA. Ah! vrai? de bon vin?.. Voulez-vous nous en céder?.. nous le paierons ce qu'il faudra. (Aux Gitanas.) N'est-ce pas que nous en aurons bien le débit?..

LES GITANAS. Oh! certainement!

GILÈS. Tiens!.. tiens!.. combien en prendrez-vous?..

ANITA. Mais deux petits barils de France!

GILÈS. Y pensez-vous?.. ce serait trente piastres!

ANITA. Oh! bah!.. ce n'est pas ça qui nous embarrasse! je les ai là!..

GILÈS. Diable! nous avons donc des moyens... Mais, voyons, on demande à voir!

ANITA, riant. Ah! ah! il paraît que vous êtes rempli de confiance!.. (Tirant une bourse.) Voilà!.. et il en restera encore quelques-unes.

GILÈS. A la bonne heure... Eh ben! c'est marché fait!..

ANITA. Tenez, nous allons aller dans votre caveau, nous vous éviterons la peine...

GILÈS. Du tout!.. du tout!.. on n'entre pas là-dedans... il n'y a que moi qui y mette son nez!

ANITA, à part. Ah diable! (Haut.) Mais, écoutez donc, je suis bien aise de voir... quand on donne son argent.

GILÈS, l'imitant à son tour. Ah! ah! il paraît que vous êtes remplie de confiance!.. Si vous ne voulez que voir, j'y consens, jeune bayadère!

ANITA. Mais, bien convenu que vous me laisserez choisir dans tous les barils?

GILÈS. Oh! vous aurez beau choisir, c'est le même prix!.. d'ailleurs, nous goûterons, petite... nous goûterons!.. (A part.) Quand je veux en tâter, mon oncle me dit toujours : Ce vin-là porte trop à la tête, il te griserait tout de suite! Cette fois, il sera content, trente piastres!.. moitié de bénéfice... (Haut.) Justement, je sais où il met la clé du caveau! Venez, venez!

(Ils descendent dans le caveau.)

SCÈNE XVI.

ADRIEN, BRULOT, PATOCHON, dans le pavillon, LES GITANAS, sur le théâtre.

PATOCHON, ouvrant les persiennes. Je viens d'entendre ouvrir une porte là, au-dessous de nous... je me méfie!..

BRULOT. On veut peut-être nous miner... Sortons d'ici!..

ADRIEN. Voyons ce qui se passe...

(Ils sortent du pavillon.)

BRULOT. Les petites danseuses! Jusqu'ici, ce n'est pas dangereux. Je ne vois plus Anita!.. elle m'avait dit qu'elle resterait là...

ADRIEN. Brulot, cours au premier poste de grenadiers, et amène six hommes... Pauvre jeune fille, si elle s'est exposée pour moi, cherchons au moins à la défendre...

BRULOT. Pas la peine : il est convenu avec les camarades que si nous avons besoin de renfort, je sonnerai le rappel.

ADRIEN. Eh bien! sonne donc, alors!

(Brulot sonne le rappel.)

SCÈNE XVII.

LES MÊMES, GILÈS, paraissant au soupirail de la cave, il est déjà un peu gris.

GILÈS. On y va!.. qu'est-ce qui appelle?

BRULOT. Regarde donc cet imbécile!.. Qu'est-ce qu'il fait là?

GILÈS, un peu aviné. Je fais mon commerce... je livre du vin de France, du Beaune première ou du Roussillon; j'en suis sûr, car j'en ai bu avec la petite saltimbanque... Elle boit sec, la gaillarde!

ANITA, paraissant à la porte de la cave. Za-
netta!.. Dolorès!.. venez rouler ces ceux barils
de vin... nous pourrons tout de suite en vendre
aux seigneurs français... (Bas, à Adrien, en passant auprès de lui.) Ces deux barils sont pleins
de poudre!..

ADRIEN, bas. De la poudre? quel bonheur !

ANITA, de même. Pendant que votre trompette
l'a fait venir au soupirail, j'ai changé les deux
barils ! je les ai reconnus au poids !

GILÈS, arrivant aussi par la porte du caveau.
Ah ça! dites donc... vous n'avez pris que deux
barils, au moins ?

ANITA, lui passant le bras autour de la tête. Un
homme aussi soupçonneux, aussi fin que vous,
j'irais essayer de le tromper !..

GILÈS, voulant tourner la tête. Vous êtes un peu
sujettes à caution, vous autres bohémiennes !

ANITA, retenant toujours Gilès, bas à Adrien.
Feignez de me les acheter !..

GILÈS. Hein?.. les acheter?.. Lâchez-moi
donc !

ADRIEN, à Anita. Je reconnais les tonneaux
de mon pays, est-ce que ce vin est à vous,
Gitana?..

ANITA, gaiment. Oui, seigneur français, et
tout à votre service !

ADRIEN. Ce vin nous remettrait de nos fati-
gues... Voulez-vous me le céder ?

ANITA. Ah! c'est qu'il est un peu cher... trente
piastres les deux barils...

ADRIEN. Un bon général ne regarde pas à
l'argent pour ses soldats... Je vous en donne
cinquante...

GILÈS, vivement. Cinquante!.. mais dites donc,
j'en ai encore, moi! moi... et...

ADRIEN. Non, je veux celui-là... c'est pour
faire gagner quelque chose à ces pauvres femmes!

ANITA, aux Gitanas. Eh bien! qu'en dites-vous?
vingt piastres de bénéfice... nous avons bien de
la peine à les gagner en huit jours.

LES GITANAS. Accepté, accepté !

ADRIEN. Voici les cinquante piastres... (A Patochon et à Brulot qui reviennent du fond.) Prenez
ces deux barils de vin, vous autres... Je vais
prévenir nos camarades qui n'auront pas entendu ton appel... Il faut que je m'assure par moi-
même... Je ne veux pas leur dire que ces barils
sont pleins de poudre... Ce Brulot est si indis-
cret... Je les connais, et je suis sûr qu'ils garde-
ront le vin plus exactement encore.

(Il fait un signe, Anita le suit avec toutes les
Gitanos.)

SCÈNE XVIII.
BRULOT, PATOCHON, GILÈS.

BRULOT. Eh! là-bas, Hidalgo! est-il bon,
ton vin?..

GILÈS, toujours ivre. Peut-on demander à un
homme si son vin est bon, quand on voit qu'il
en a bu lui-même?.. car enfin, on le voit... (Il
trébuche.) Et je sens là, intérieurement, qu'il
est très bon, très chaud... c'est absolument une
peau de mouton mérinos sur la poitrine !

GONZALÈS, survenant avec les deux Espagnols.
Messieurs, on m'a dit que votre chef m'avait
fait demander, que me veut-il ?

GILÈS, toujours ivre. C'était pour vous acheter
du vin... mais j'ai fait l'affaire!..Trente piastres.
C'est moi qui a été à la cave...

GONZALÈS. Je le vois, de reste... butor !

GILÈS, riant. Il a toujours le mot pour rire,
mon petit oncle !

GONZALÈS, apercevant les deux barils qui sont
sur la table, à part. Que vois-je?.. mes deux barils de poudre!.. Le misérable s'est trompé...
nous sommes perdus, s'ils s'en aperçoivent...
(Haut.) Comment, mes amis, avez-vous déjà
goûté ce vin?

PATOCHON. Qu'est-ce que cela vous fait, puisqu'on l'a payé?

GONZALÈS. Cela me fait beaucoup!.. Allez au
caveau me chercher deux grands barils. On s'est
trompé... Les barils que cet ivrogne vous a
donnés ne valent pas dix piastres... ils sont de
moitié trop petits. (A mi-voix, aux deux Espagnols.)
Portez ceux-là dans ma chambre. Il ne sera pas
dit que, dans mon commerce, on aura quelque
chose à me reprocher.

(Les deux Espagnols descendent au caveau.)

BRULOT, à Patochon. Qu'est-ce que tu en dis,
toi?

PATOCHON. Hum !.. S'il y a quelque drogue
dans celui qu'on va rapporter?..

GONZALÈS. Oh ! messieurs, j'en boirai avec
vous... Lui aussi... nous tous... puisque vous
soupçonnez notre bonne foi.

(Les deux Espagnols apportent deux grands barils.)

GILÈS, haussant les épaules. Deux grands tonneaux!.. Voilà le bénéfice flambé !.. Y a pas
d'affaires possibles avec les hommes politiques...
ça les rend bêtes !..

GONZALÈS, qui a percé le tonneau et boit un verre
de vin. Excellent !..

GILÈS, s'approchant. Je demande aussi à ras-
surer les acquéreurs

GONZALÈS. Tiens, bois, animal ! Tu en as
pourtant bien assez, déjà !

GILÈS, après avoir bu et tendant encore son verre.
Si ces messieurs ne sont pas encore tout-à-
fait rassurés...

BRULOT. Ah! minute !.. Toi, tu boirais tout!..
(Il boit.) Parfait... soigné...

PATOCHON. C'est divin... c'est doux au pas-
sage... mais je ne bois pas de confiance !..
(Il achève son verre.)

GONZALÈS. Je n'aurais pas voulu que vous pus-
siez dire : Le corrégidor de Saint-Patrice nous a
trompé. (A part.) Zébro et les guérillas n'arrivent pas... Nous tiendrions bien ceux-ci pourtant !

SCÈNE XIX.
LES MÊMES, ADRIEN, ANITA, LES GITANOS
et six SOLDATS FRANÇAIS.

ADRIEN, en entrant, au brigadier. Les deux
barils sont là... sur la table... entourez-les sans
affectation.

LE BRIGADIER. C'est bien...

(Les soldats français se rangent autour de la table. Une troupe de Gitanos paraît au fond du théâtre; ils sont couverts de longs manteaux.)

ADRIEN. Quelles sont ces figures?..

LE CHEF, à Adrien. Seigneur officier, nous sommes de pauvres Gitanos qui venons retrouver nos frères. Vos soldats, qui gardent le village, nous ont permis d'entrer... Laissez-nous reposer ici quelques instans... le seigneur Corrégidor nous connaît bien.

(L'un d'eux s'approche et lui parle bas.)

GONZALÈS, à part. Les envoyés des guérillas!.. O bonheur!

ANITA, qui les a examinés, bas à Adrien. Grands Dieux! ce ne sont pas des Gitanos!

ADRIEN, à mi-voix. Que voulez-vous dire? qui sont-ils donc?

ANITA. Sans doute des ennemis!.. Sous leurs manteaux, j'ai vu des armes.

ADRIEN. Vous en êtes sûre?.. Les misérables!

ANITA, de même. N'ayez pas l'air inquiet. Exigez qu'ils dansent... le pas mauresque!

ADRIEN. Qu'ils dansent?..

ANITA, bas, en passant près de Brulot. Qu'ils dansent!

BRULOT et PATOCHON, étonnés. Hein?.. qu'ils dansent!..

ADRIEN, en le regardant d'un air sévère. Monsieur le Corrégidor, vous répondez de ces hommes-là... vous les connaissez?..

GONZALÈS. Je les connais!

ADRIEN. Ah! c'est bien... Puisque M. le Corrégidor vous connaît, qu'il répond de vous, et que vous êtes Gitanos... eh bien! nous voulons nous amuser... On nous a beaucoup parlé de la danse mauresque... Voyons, dansez-la.

LE CHEF, à part. Que dit-il?..

GONZALÈS, bas au chef. Il faut gagner du temps... jusqu'à ce que les autres arrivent... Fais ce qu'il te dit.

LE CHEF, de même. Nous ne savons que nous battre...

GONZALÈS, de même. Vous vous battrez après...

LE CHEF, haut. Seigneur officier, nous sommes bien fatigués...

ADRIEN. Bah! bah!.. ça vous délasse, vous autres! (Il tire son sabre et le met devant lui sur la table.) Dansez, ou je vous fais passer par les armes. (Brulot et les autres en font autant.) Dansez! ou nous allons vous faire valser.

(Les faux Gitanos essaient à danser gauchement.)

ANITA. Ce n'est pas là la danse mauresque! Tenez... nous allons vous faire voir. (Bas, à Adrien.) Les Gitanas me sont dévouées... Soyez attentif à tous nos mouvemens!.. Allons, à moi, Gitanas!

(Pas de danse guerrière. Les Gitanas se mêlent aux Guérillas et, dans une passe animée, elles enlèvent leurs armes, qu'elles donnent aux Français.)

LES FRANÇAIS, saisissant les armes. Ah! des armes!

LES FAUX GITANOS et GONZALÈS. *Per Dios!* qu'est-ce qu'elles font, ces maudites bohémiennes?

ADRIEN. Que signifie cela? Est-ce une trahison, monsieur le Corrégidor?

GONZALÈS, à part. Malédiction!.. (Haut, et d'un air d'assurance.) Pourquoi donc?.. Des armes... Eh bien! qu'y a-t-il d'étonnant que ces pauvres diables, qui voyagent dans des routes couvertes de soldats...

ADRIEN. A d'autres!.. Vous êtes un traître!.. Brulot, sonne la générale! nous sommes entourés d'assassins!

(Brulot sonne vivement. A ce moment éclate un vive fusillade dans le lointain.)

GONZALÈS. Les guérillas sont arrivés!.. ils attaquent les avant-postes!.. A nous ceux-ci!

ADRIEN. Anita... et vous, pauvres filles... fuyez de ce côté!.. A nous autres, maintenant! (Il se resserre lui et les siens en un groupe et braque deux pistolets sur les barils.) Si vous nous attaquez, nous allons sauter ensemble!

GILÈS, trébuchant. Si vous percez le tonneau, vous allez répandre le vin!..

ADRIEN. Ici les amis! Ce sont deux barils de poudre!

GONZALÈS, riant méchamment. Tu te trompes, général... c'est du vin de Xérès!

BRULOT. Malédiction!.. nous avons changé les deux petits barils contre ces deux grands-là!..

PATOCHON. Gueux de corrégidor! Quand je disais qu'il fallait nous méfier...

ADRIEN. Malheureux! vous nous avez perdus!

(Les guérillas, en nombre, se précipitent sur la scène. Combat. Les Français luttent contre les Espagnols, mais ils sont écrasés par le nombre. Anita reparaît au milieu du tumulte et se glisse près de Zébro.)

GONZALÈS, criant. Point de prisonniers!.. qu'ils meurent!

ANITA, à part. Grand Dieu!.. Zébro, ne souffre pas qu'on t'enlève ces trois-là... ce sont des officiers principaux... des personnages du plus haut rang!..

ZÉBRO. Un instant, Gonzalès!.. A moi ceux-ci!.. la junte me les paiera!..

(Adrien, Brulot et Patochon sont faits prisonniers sur le devant du théâtre. Le reste de la troupe française bat en retraite en bon ordre. Beaucoup d'Espagnols tombent morts ou blessés. Anita et quelques Gitanas paraissent dans la petite barque; le public seul les voit partir. — Tableau général.)

FIN DU DEUXIÈME ACTE.

ACTE III.

Le théâtre représente une cour d'auberge, en Espagne.

SCÈNE I.

LA VIEILLE JUDITH, PÉDRILLE et DIÉGO,
VALETS D'AUBERGE.

JUDITH, filant à son rouet. Mon Dieu! mon Dieu! je voudrais bien devenir riche, quand ce ne serait que pour donner des regrets à Zébro!.. Me préférer une petite fille!.. Elle lui échappera aussitôt qu'elle le pourra... j'en suis sûre!.. Le traître! Ah! quelle existence!.. filer toujours!.. ce n'est pas amusant... et ne pas voir une figure humaine!.. Si j'avais pu deviner cela quand je me suis retirée dans cette auberge en ruines!.. Mais, comment voyager dans un pays où les routes sont des champs de bataille! (On entend un bruit de grelots de mulets et quelques voix d'hommes.) Des muletiers!.. Je verrai donc quelqu'un aujourd'hui... (Appelant.) Pédrille! (Les deux valets d'auberge paraissent à la porte de droite.) Vite, sur la route!.. J'entends des voyageurs... Arrêtez leurs mules. (Les valets sortent par le fond.) emparez-vous de leurs bagages, malgré eux... ça ne fait rien!.. Si vous ne les obligez pas à descendre ici... je vous chasse!

PÉDRILLE, qui est sorti un instant. Segnora Judith!.. c'est des drôles de voyageurs... ils sont armés jusqu'aux dents... ils mènent avec eux des militaires français...

JUDITH. Eh mais! je ne me trompe pas... cette figure noire... cette tournure audacieuse, c'est Zébro, marchant à la tête de ses Bohémiens armés!.. Aurait-il l'intention de faire sa paix avec moi?

SCÈNE II.

ZÉBRO, GILÈS, BRULOT, ADRIEN,
PATOCHON, BOHÉMIENS.

ENSEMBLE.

Air des chevaux-légers, du Pré-aux-Clercs.

LES GITANOS, tirant et poussant les Français.
Allons, entrons, point de colère,
Vous fâcher n'est pas à propos.
Vous êtes prisonniers de guerre,
Marchons, messieurs les généraux!
LES TROIS FRANÇAIS.
Morbleu! j'étouffe de colère!
Ah! les brigands de Gitanos!
Traiter des prisonniers de guerre,
Ni plus ni moins que des chevaux!

ZÉBRO. On passera la nuit ici!.. Vieille Judith, as-tu un lieu sûr pour enfermer ces trois garnemens-là? (Bas.) Ce sont trois officiers supérieurs de l'armée française!

JUDITH, de même. Ça?.. Ils n'en ont guère l'encolure.

ZÉBRO, de même. Raison de plus... ils veulent cacher leurs grades pour qu'on mette moins d'importance à leur capture.

JUDITH, de même. Qui t'a dit cela?

ZÉBRO. Anita, dont la finesse, la malice... Elle a découvert leur secret!

JUDITH. Tu oses encore me parler d'elle? Pauvre fou, qui crois tout ce que dit cette petite rusée!

ZÉBRO, haut. Voyons, as-tu quelque endroit fermant bien?.. ou nous allons pousser plus loin...

JUDITH. Tiens, là, dans ce cellier... La porte est solide... elle défend mon vin contre les muletiers et autres garnemens de ton espèce.

(Judith et Zébro entrent dans le cellier.)

BRULOT. A la bonne heure... parce que, si on va plus loin.... il faudra me porter. Aller sur mes propres jambes, je trouve ça humiliant!

PATOCHON. Ah ça! tas de vilains messieurs, qu'est-ce que vous prétendez faire de nous?..

BRULOT, Voyons, dites un peu vos idées là-dessus, messieurs les acrobates?..

GILÈS. Prisonniers... vous me paraissez un peu indiscrets!.. pourtant, je vais vous répondre, voici: Je crois qu'on veut faire de vous trois pendus!

LES SOLDATS. Trois pendus!

BRULOT. As-tu fini tes manières?

PATOCHON. C'est donc comme ça que vous faites la guerre, vous autres?

GILÈS. Oui, mon cher ami.

BRULOT. J'ai bien envie de te casser la figure avec mon poing, n'ayant pas d'autre arme offensive, pour le quart-d'heure.

ADRIEN. Allons donc, mes amis, laissez-là ce sot.

GILÈS. Sot!... Ah! bon!.. toi, tu seras pendu le premier, toi!

(Zébro et Judith sortent du cellier.)

ZÉBRO, à Judith. Ce réduit me convient... c'est bien bon pour eux... (Aux bohémiens.) Qu'on les jette là-dedans...

BRULOT, aux bohémiens, qui le poussent, et jouant des coudes. Ne poussez donc pas, M'sieur!.. il n'y a pas de presse.

PATOCHON. Dites donc, l'officier des danseurs... est-ce que, dans votre armée, on ne donne pas à manger aux prisonniers?..

BRULOT. Je ne serais pas enchanté de mourir de faim... j'aime mieux autre chose!

JUDITH. Comment! ces pauvres diables n'ont pas mangé?

GILÈS. Oh!.. à quoi ça peut-il leur servir? Quand on n'a pas le temps de faire sa digestion, il vaut mieux ne pas se charger l'estomac.

JUDITH. Zébro, je n'aime pas plus les Français que tu les aimes, mais je ne peux pas voir souffrir des hommes. (Elle prend un pain et une cruche de vin, qu'elle met sur la table.) Tenez, mangez et buvez... Dieu prendra votre âme ensuite, quand le moment sera venu.

GILÈS, à part. Ah! comme aubergiste, elle pousse à la consommation!..

BRULOT, mangeant. Eh bien! cette vieille sorcière a encore du bon... elle ne veut pas que les hommes meurent à jeûn.

JUDITH. C'est vingt réaux!

BRULOT, montrant Zébro. Demandez à ce monsieur là-bas... C'est lui qui tient not' bourse... il s'est fait not' trésorier de son autorité privée.

GILÈS, à part. Mes amis politiques sont un peu filous.   (Il remonte avec les autres.)

PATOCHON, de même, à Adrien. Eh ben! mon pauvre général!.. quand je disais que nous étions enfoncés... As-tu vu ta petite joueuse de guitare, comme elle nous a mis dedans!

ADRIEN. Pourquoi dis-tu cela?

PATOCHON. Parce qu'il valait encore mieux, pour nous, être prisonniers des Espagnols que de l'être de ces bohémiens sans foi ni loi.

BRULOT. Ça, c'est vrai! Tout ça pour protéger ces vilains cocos de jongleurs... pour leur faire gagner le prix de nos individus...

ADRIEN. Pourtant, elle m'a sauvé la vie la nuit dernière au moment où ces assassins... C'est elle qui avait voulu nous procurer de la poudre... Sans votre maladresse pour ces deux barils!..

BRULOT. Ah ça! c'est vrai!.. Mais, tonnerre!.. c'est ta faute aussi : on prévient son état-major!..

ADRIEN. Cette pauvre enfant était sincère... mon cœur me le dit.

PATOCHON. Elle avait promis qu'elle serait toujours là, près de nous... et, depuis hier, nous ne l'avons pas revue... Elle a trahi, c'est sûr.

ADRIEN. J'espère encore que nous la reverrons.

BRULOT. Ah ouin!.. Elle a tourné casaque, v'là tout.

ADRIEN. Non! ce serait affreux!.. Croire qu'elle soit coupable!.. qu'elle ait pu cacher autant de perfidie sous des dehors d'innocence et de dévouement!

BRULOT. Il est bon, lui! il croit à l'innocence des danseuses.

PATOCHON. Pardié!.. vous voyez ben qu'on ne s'est pas encore assez méfié!

ZÉBRO, revenant du fond. C'est assez manger... (Montrant le cellier.) Entrez là!

BRULOT. Diable! les indigestions ne sont pas dangereuses ici.

PATOCHON. Ah!.. si je vous tenais en plaine campagne avec ma latte à la main... Ah! ah! si j'avais mon poulet d'Inde!

GILÈS. Qu'est-ce qu'il dit, celui-là?.. Il voudrait un poulet-d'Inde?.. On t'en donnera!.. Mange du pain, prisonnier... et supprime tes réflexions.

(On fait entrer Adrien, Brulot et Patochon dans le cellier. Zébro ferme un gros verrou en dehors.)

ZÉBRO, aux bohémiens. Vous pouvez aller vous reposer... nous partirons au milieu de la nuit.

GILÈS. Je vais aussi goûter quelque repos... le métier est fatigant... Bonsoir, seigneur Zébro, au plaisir de me retrouver dans votre aimable société!.. (A part.) Mon cher oncle m'a mis là dans une compagnie bien peu remarquable.

ZÉBRO, à Gilès. Je veux être seul!

GILÈS, s'asseyant. Ça se trouve bien ; c'est comme moi.

ZÉBRO, en allant à lui et frappant du pied. Vive Dios!.. N'as-tu pas entendu que je voulais être seul ici!..

GILÈS, tressaillant et se levant. Ah! pardon, je ne savais pas!

(Il sort avec les bohémiens.)

SCÈNE III.

ZÉBRO, JUDITH.

ZÉBRO. Ah ça! Judith, tu me réponds de ces trois Français sur ta tête... et tu sais si je tiens parole?

JUDITH. Oui, je sais que tu as de la foi pour les mauvaises actions.

ZÉBRO. Gonzalès, dans sa vengeance patriotique, voulait faire fusiller ces trois hommes... Éclairé par Anita sur leur rang, je me suis emparé d'eux... Je vais les rendre au général français, moyennant une bonne rançon... et tu auras ta part.

JUDITH. De l'argent?.. Ce n'est pas là ce que je veux de toi!

ZÉBRO. Toujours tes folles idées...

JUDITH. N'en as-tu pas de bien raisonnables pour cette Anita maudite!..

ZÉBRO. Au moins, cela s'explique... elle est charmante... Mais que trouves-tu donc de si désirable en moi?..

JUDITH. Rien... Tu es affreux... et ton âme est encore plus noire que ta face... Mais le diable m'a ensorcelée... et puis, tu me dois une réparation?..

ZÉBRO. Une réparation!.. Pourquoi l'exiges-tu plutôt de moi que d'un autre?..

JUDITH. Insolent!..

ZÉBRO. En voilà assez!.. (En sortant.) Veille bien sur mes prisonniers, ou je brûle ton auberge!

SCÈNE IV.

JUDITH, un instant seule, puis GONZALÈS,
qui paraît et l'écoute.

JUDITH. Quel monstre! Le crime, chez lui, est plus laid que chez un autre... il le raisonne comme une affaire... S'il trouvait quelques piastres de plus pour tuer ces trois Français, ils seraient déjà morts... Si on lui donne un meilleur prix de leur rançon, il les rendra... c'est au dernier enchérisseur... Et il faut, moi, que je les garde comme des animaux que l'on va mener au marché!.. Et dire que, toute ma vie, j'ai été ainsi sous le joug de ce mécréant!.. Oh! je me vengerai de lui et de mon odieuse rivale...

GONZALÈS, qui a entendu les derniers mots. Je vais t'en fournir l'occasion.

JUDITH. Ah! c'est vous, seigneur corrégidor?..

GONZALÈS. Oui, moi, qui veux te venger de Zébro.

JUDITH. Comment?

GONZALÈS. Livre-moi les trois prisonniers qui sont là.

JUDITH. Mais...

GONZALÈS. Sais-tu pourquoi il veut leur sauver la vie et les rendre à l'armée française?.. Pour plaire à la belle Anita, qui a exigé cela de lui... A ce prix, elle l'épousera.

JUDITH. Oh! le petit serpent!

GONZALÈS. Lui donneras-tu cette satisfaction?

JUDITH. Non, par le diable!

GONZALÈS, avec joie. Tu me livreras donc ces prisonniers?

JUDITH. Oui... Mais les bohémiens?

GONZALÈS. Zébro est parti, sans doute, pour le camp français... les bohémiens sont ivres et ils dorment... D'ailleurs, j'ai fermé, avec les deux barres de fer, la grange où ils sont entassés... Tu as des armes ici?

JUDITH. Oui, quelques fusils que m'ont laissés les guérillas qui fuyaient.

GONZALÈS. Zébro nous a enlevé les nôtres... Ces fusils sont-ils chargés?

JUDITH. Comme les chargent des guérillas qui veulent tuer plus d'un Français par coup!

GONZALÈS. Bien!.. Silence!.. pas un mot en attendant... Nous serons vengés tous deux : moi, des indignes outrages que j'ai reçus de ces infâmes étrangers... toi, de Zébro, qu'Anita abandonnera parce qu'il lui aura manqué de parole. Il faut que je me rende près du général espagnol... En mon absence, il viendra un moine des Hyéronimites. Mon neveu Gilès te demandera tes armes pour quelques hommes que j'ai là... et alors... si ce qui devra se passer ici t'épouvante, tu seras libre de n'y pas rester.

(Il sort.)

SCÈNE V.

JUDITH, un instant seule, puis ANITA.

JUDITH. Lui livrer ces trois Français!.. Il veut, sans doute, leur faire un mauvais parti... car, si l'autre est un misérable prêt à tout faire pour quelques pièces d'or, celui-ci est une bête féroce qui tue pour le plaisir de tuer... Si ce n'était cette Anita qui s'intéresse à eux, je crois que j'instruirais les bohémiens du projet de Gonzalès... Mais ce serait servir Anita, et j'aimerais mieux crever!

ANITA, qui s'est avancée, et parlant la tête baissée. Elle est vêtue en paysanne espagnole.

Air : Noble châtelaine. (COMTE ORY.)

Loin de mon village,
Par la nuit, l'orage,
Hélas! mon voyage
Se trouve arrêté.
La frayeur me glace,
Et chez vous me chasse;
Donnez-moi, par grace,
L'hospitalité.

JUDITH, sans la regarder. Une pauvre paysanne égarée... Allons, c'est bon! Entrez dans la salle commune... vous ne pouvez rester ici... on y garde des prisonniers français.

ANITA, à part. Ils sont là!

SCÈNE VI.

LES MÊMES, BRULOT, PATOCHON.

BRULOT, passant la tête par le guichet. Dites donc, Espagnols du diable, est-ce que vous allez nous laisser long-temps là-dedans?.. Il y fait noir comme dans un four.

PATOCHON, passant à son tour la tête. Envoyez, au moins, un peu de vin!

ANITA, s'approchant de la porte du cellier. Taisez-vous!

PATOCHON, toujours au trou. Comment! c'est encore vous?

BRULOT, retirant Patochon. Merci! vous nous avez mis dans de bonnes mains... votre M. Zébro est gentil!..

ADRIEN, paraissant après Brulot. Anita, vous nous avez perdus!

ANITA, désolée. Il le croit aussi. Ah! que je suis malheureuse!

BRULOT, de même. Allez danser ailleurs, perfide bohémienne!

JUDITH. Bohémienne!.. Que disent-ils? (Prenant Anita par la main et l'examinant.) Eh! oui, c'est cette petite vipère d'Anita!.. Comment ne l'ai-je pas d'abord reconnue? Que viens-tu faire ici? Tu veux donc que je t'étrangle?..

ANITA, lui prenant la main. Parce que je déteste celui que vous aimez?..

JUDITH, avec ironie. Mais il t'adore, lui!

ANITA. Moi, je n'ai d'autre pensée que de le fuir à jamais.

JUDITH. Menteuse!.. Et te voilà seule, courant les montagnes pour le rejoindre, et tu arrives juste où il s'est arrêté!

ANITA. Ah! ce n'est pas lui que je cherche.

JUDITH. Qui donc?

ANITA, à mi-voix. Celui que j'aime est mon compatriote... Il est bien malheureux! Il est là.

JUDITH, surprise.. Un de ces trois Français ?.. Tu les connais donc ?..

ANITA. Ceux qui sont nés sous le même ciel que nous, il semble qu'on les connaît, qu'on les aime... mais celui-là, si bon, si noble, si généreux...

JUDITH. Tu as, sans doute, cherché à le soustraire à la vengeance fanatique de Gonzalès ?.. mais elle le poursuit encore... Il est ici... il veille autour de cette maison avec quelques montagnards qui lui sont dévoués.

ANITA. O ciel !.. Et pourtant... il faut que je le sauve !.. Vous devez m'y aider, vous... car, avec ces Français, je reverrai la France, je pourrai fuir Zébro, son odieux amour, et je ne serai plus un obstacle entre vous et lui.

JUDITH, inquiète. Mais, mon Dieu ! je me suis engagée avec Gonzalès... Il m'a fait promettre de lui fournir des armes.

ANITA, inquiète. Pourquoi faire ?

JUDITH. Eh ben ! je crois qu'ils veulent les fusiller... ici même !

ANITA. Grands Dieux !.. Et ces armes, où sont-elles ?

JUDITH. Là-bas, derrière mes fagots d'olivier.

ANITA. Il ne faut pas les leur laisser prendre.

JUDITH. Comment veux-tu nous y opposer ? Je n'ai pas envie de me faire massacrer... car, vois-tu, ils sont bien décidés à tuer ces Français... Gonzalès est allé chercher un moine du couvent des Hyéronimites pour les confesser.

ANITA, réfléchissant. Vous dites qu'ils vont prendre vos armes toutes chargées ?..

JUDITH. Oui !

ANITA. Bien !.. Si je pouvais... c'est le ciel qui m'inspire !.. Mais ce religieux... comment faire ?.. Les moines, dans leur fanatisme aveugle, sont leurs ennemis acharnés.

JUDITH, vivement. On vient... Les voici... tais-toi !..

ANITA. Laissez-moi faire et dites comme moi.

SCÈNE VII.

ANITA, JUDITH, GILÈS et cinq ou six MONTAGNARDS.

GILÈS, aux montagnards. Braves montagnards, voici un moment que j'ose dire assez solennel. Tiens, c'est la jeune saltimbanque, sous l'habit champêtre d'une villageoise !.. Ah ça ! dites donc, rusée commère, vous m'aviez pris la poudre de mon oncle, avec votre petit air de ne pas y toucher !..

ANITA. Ah ! seigneur Gilès, comment pouvez-vous dire une chose pareille ?

GILÈS. Je dis une chose vraie... que vous aviez pris la poudre... et je ne l'ai pas inventée !..

ANITA. Sans doute, parce que je m'étais trompée de barils. Voilà tout.

GILÈS. C'est possible, mais les femmes vont me faire le plaisir d'aller tricoter leurs bas... nous avons besoin d'être seuls.

ANITA. Ah ! pourquoi donc nous renvoyez-vous ?..

GILÈS. Parce que mon oncle est un homme politique, et il a une fantaisie, une idée fixe, à l'égard de trois misérables qui se permettent d'ê-

tre français, au mépris de toutes les lois espagnoles, et je viens procéder à l'accomplissement de son désir, que je trouve bien naturel.

ANITA, à part. Bête et méchant !

GILÈS. N'est-ce pas naturel ?

ANITA. Certainement ! il faut en finir avec ces trois coquins-là...

GILÈS. D'ailleurs, c'est dans leur intérêt... ça ne sera pas plutôt fait qu'ils n'y penseront plus... Vieille Judith, donnez les fusils, bonne femme, et laissez-nous à nos petites affaires !

ANITA, bas, à Judith. Emmenez-moi...

JUDITH. Je vais vous les chercher...Venez avec moi, Anita. (Les deux femmes sortent.)

SCÈNE VIII.

GILÈS, LES MONTAGNARDS.

GILÈS. C'est que mon oncle ne plaisante pas... Il est unique, ma parole !.. Son dialogue est plein de charme : Gilès, mon neveu ! —Plaît-il, mon oncle !—Tuer des Français, venger notre pays et mon honneur, c'est une bonne action. Vous allez faire fusiller ces trois hommes !.. —Mais, mon oncle... — Quand ils seront exécutés, vous ferez près d'eux la veillée des morts... c'est un devoir de chrétien... — Mais, mon oncle, si on ne les fusillait pas, je n'aurais pas besoin de les veiller !..—Si vous ne faites ce que je vous dis, je vous brûle la cervelle !..—Voilà le dernier trait de notre aimable conversation de tout à l'heure.

SCÈNE IX.

LES MÊMES, ANITA, JUDITH; elles apportent trois fusils.

JUDITH. Voici ce que vous m'avez demandé.

GILÈS. Ah ! ah ! il paraît que votre arsenal est bien monté... Vous craignez donc qu'on vous attaque ?..

JUDITH. Pourquoi pas ?

GILÈS. Ah ça ! il y a de la charge là-dedans ?

ANITA. Trois balles et dix chevrotines...

GILÈS, les écartant de lui. Hein ! hein !

ANITA. Si vous voulez, on peut en mettre encore...

GILÈS. Du tout !.. je ne suis pas d'une exigence ridicule... je me contente des trois balles et des dix chevrotines... et j'ose espérer que ces messieurs qui sont là-dedans s'en contenteront aussi... ou alors ils ne seraient pas raisonnables !

JUDITH. Ah ça ! mais, seigneur Gilès, j'espère bien que vous n'allez pas les faire mourir sans confession ? Cela porterait malheur à mon auberge !..

GILÈS, regardant autour de lui. Comment !.. eh bien!.. il n'est pas encore là, ce vieux capucin ?.. il se sera endormi, sans doute.

ANITA, frappée d'une idée. Oh! mon Dieu, oui, sans doute !.. Nous allons le réveiller et vous l'envoyer bien vite, bien vite !..

(Elle fait des signes à Judith, et toutes deux sortent vivement.)

3

SCÈNE X.

GILÈS, ADRIEN, BRULOT, PATOCHON,
LES MONTAGNARDS.

GILÈS, à trois montagnards. Vous, qui êtes d'adroits chasseurs, voici les fusils... (Aux autres.) Vous, amenez les prisonniers...

(On entre dans le cellier, et on amène Adrien, Brulot et Patochon.)

BRULOT. Eh bien! qu'est-ce qu'il y a de nouveau? Est-ce qu'on va se remettre en route?

GILÈS. Oui, mes chers petits amis, vous allez vous mettre en route.

PATOCHON. Allons-nous loin comme ça?..

GILÈS. Oui!.. le voyage pourra être long... mais vous arriverez vite.

BRULOT. Qu'est-ce qu'il veut dire celui-là, avec son air sournois?

ADRIEN. Ne voyez-vous pas, à l'air de ces misérables, qu'ils veulent se défaire de nous?..

GILÈS. Celui-ci a deviné la chose!.. Il y a des gens qui vous feraient des discours sur les ennuis de cette vie, les infirmités qui nous attendent dans la vieillesse, les rhumatismes, les cors aux pieds, la goutte, les faux toupets, etc., etc. Moi, mes bons amis, je ne prends pas tous ces détours philosophiques... (Tirant sa montre.) Je vous annonce que vous serez fusillés très incessamment.

BRULOT et PATOCHON. Fusillés!

BRULOT. Ah ça! dis donc, grand escogriffe...

GILÈS. N'y mettons pas d'humeur!.. Croyez-vous que c'est pour mon agrément; ça me contrarie autant que vous.

PATOCHON, furieux. Je ne pourrai donc pas rosser ce grand blagueur-là, avant de mourir?..

GILÈS, reculant. Ah! dites donc!..

BRULOT. Mais enfin, nous ne sommes pas jugés... je demande un sursis.

GILÈS. Mes pauvres petits amis, je ne pourrais pas vous donner deux minutes sans exposer ma propre tête, à laquelle je tiens plus qu'aux trois que vous portez provisoirement... Demandez-moi ce que vous voudrez... mais la vie, c'est impossible!.. croyez à tous mes regrets.

BRULOT. Ce gredin-là n'est-il que stupide, ou veut-il nous mécaniser jusqu'à la fin?

ADRIEN. Qu'importe, puisqu'il faut mourir!..

GILÈS. Celui-là est le plus raisonnable!.. dépêchons-nous, ça finirait par se gâter... Le vieux capucin ne vient pas... tant pis pour lui!..

ADRIEN. Morbleu!.. faites trêve à tous vos bavardages et finissons-en!.. Nous sommes prêts.

BRULOT, aux montagnards qui se préparent. Cré nom d'une pipe!.. je ne suis pas encore prêt, moi; un moment!..

PATOCHON. C'est dur, pourtant... mais qu'est-ce que tu veux? Adieu le faubourg St-Antoine!..

BRULOT. Il faut donc se résigner?.. (Soupirant.) Allons! adieu le vin à quinze... adieu la barrière!..

PATOCHON. Adieu le veau, la salade, et les bals champêtres!..

BRULOT. Et les cachets à deux sous la contredanse! Adieu, vous aussi, superbes bonnes d'enfans, la consolation du militaire en garnison!.. vous allez perdre votre plus bel admirateur!

ADRIEN.

Air de la Vieille.

C'en est donc fait, adieu mon père!
Que n'ai-je pu te presser sur mon cœur...
Du moins en brave militaire,
De ton nom j'ai porté l'honneur.

BRULOT.

En pensant à ma vieille mère,
J'ai du chagrin, parol' d'honneur.

PATOCHON, pleurant et en colère.

N'pleurez donc pas, ça m'fend le cœur!

BRULOT.

Bon soir, mon beau pays de France!

PATOCHON.

Adieux, doux rêves d'espérance...
Tous trois, amis, nous devions parvenir.

ADRIEN.

Oui, notre sort était plein d'avenir!..
Mais tous les trois nous devons le bénir,
Puisqu'il n'a pu nous désunir.
Jusqu'à la mort nous devions nous chérir...
Nous y voilà... sachons mourir!

TOUS TROIS, avec effusion.

Embrassons-nous avant d'mourir!
Embrassons-nous! sachons mourir!

(Ritournelle de l'air suivant. A ce moment paraît dans le fond un vieux moine avec une longue barbe blanche.)

SCÈNE XI.

LES MÊMES, UN VIEUX MOINE.

GILÈS. Ah! voilà le révérend père!.. Arrivez donc, ces garçons attendent. (Aux trois amis.) Vous voyez qu'on fait bien les choses... Voilà un vénérable moine qui va vous donner des consolations... je crois que vous serez tranquilles après ça. (Le moine s'approche des soldats.)

ANITA, sous les habits du moine. Frères, vous allez mourir... écoutez la voix d'un vénérable vieillard!..

BRULOT. Dieu, là-haut, en sait aussi long que vous... Il n'y a pas de mauvaise note sur notre feuille de route.

PATOCHON. Moi, je n'ai rien sur la conscience... ah! si, peut-être quelques bouteilles de trop.

BRULOT. Et moi, quelques poulets... quelques canards pris en maraude... Ce sont des péchés de soldats, que notre dernier capitaine excusera facilement!

LE MOINE.

Air des Chevaliers de la fidélité.

Dans sa bonté, jamais Dieu n'abandonne
Ceux dont le cœur en ses mains s'est remis!..
Priez, priez que le ciel vous pardonne,
Et pardonnez même à vos ennemis!

(Tous reprennent en chœur, et en s'agenouillant lentement.)

Prions, prions que le ciel nous pardonne,
Et pardonnons même à nos ennemis.

ANITA, bas et vite. Anita est encore ici pour vous.

ADRIEN. Quoi?..

ANITA, bas à Adrien. Pas un mot! (Haut, à Adrien.) Vous, mon frère, n'avez-vous pas besoin de mes consolations?..

ADRIEN. Si, mon père, veuillez m'entendre.
(Il lui parle à l'oreille, Anita lui parle de même.)

BRULOT. Pauvre Adrien !.. qu'est-ce qu'il peut dire ? lui qui n'a jamais fait de mal à personne !..

GILÈS. La ferveur de ce soldat me touche...
(Adrien se jette dans les bras de ses deux amis, auxquels il parle aussi à l'oreille.)

BRULOT et PATOCHON, bas. Est-il possible ?..

ADRIEN, bas. Silence !.. (Haut.) Allons, nous sommes prêts !

BRULOT, gaîment, à Gilès. Grand farceur, est-ce qu'il n'y aurait pas moyen de commander le feu... sans vous commander ?..

GILÈS. Comment donc, commandez !.. Ces messieurs se feront un plaisir de vous obéir...

BRULOT. Vous allez voir comme ça va ronfler... Sol... c'est-à-dire, Brigands...
(Les montagnards font un mouvement de colère.
Gilès se sauve dans la coulisse.)

BRULOT, reprenant. Brigands !.. apprêtez... armes !.. en joue... feu !..
(Les montagnards font feu, les trois soldats tombent.
Le moine, qui s'était jeté à genoux pendant l'exécution, disparaît.)

GILÈS, revenant un peu ému. Eh ben ?.. c'est déjà fini ? (A part.) Ça m'a fait un drôle d'effet !..
(Les montagnards se disposent à s'en aller.)

SCÈNE XII.

GILÈS, ADRIEN, BRULOT, PATOCHON,
étendus par terre et immobiles.

GILÈS. Ils s'en vont... je ne suis pas du tout rassuré, moi !.. Ces pauvres diables !.. mon oncle a eu là une vilaine fantaisie !.. Je serais mieux ailleurs qu'ici... un mort peut avoir ses idées à lui... on en a vu qui se donnaient la peine de revenir pour tirer les jambes des personnes... d'autres qui vous étranglaient avec leurs grandes mains froides... Oh ! oh !.. (Il secoue la tête.) Je crois avoir mis assez de politesse avec ceux-ci pour qu'ils me montrent quelques égards... et pourtant, je frissonne.

BRULOT, bien bas. L'animal ne s'en ira donc pas !..

GILÈS, effrayé. Hein ?.. quoi ?.. Je croyais avoir entendu... Non !.. c'est la brise de la nuit... Il vient un vent du diable... je crois que c'est ça qui fait trembler mon habit... La petite bohémienne avait raison quand elle leur chantait... (Il chante.) Tra la ! la ! la ! la ! la ! rela ! la ! Non, ça ne me rassure pas du tout... j'ai une voix effrayante...   (Il veut s'avancer.)

BRULOT, étendant un bras, à mi-voix. Je m'embête ici, moi.

GILÈS, revenant vite. Oh ! oh ! la ! la !.. il me semble... j'ai vu... remuer... quel... que... e... chose... Non... on... c'est quelque bleuet qui m'a passé devant les yeux.
(Il n'ose regarder. Brulot éternue.)

Ah !.. en v'là un qui éternue !.. Dieu... eu... eu... vous bé... bé... nisse... Mais, non !.. c'est sans doute le chat de la mère Judith... Ces malheureux chats ont la mauvaise habitude d'éternuer... Atch !.. ils sont stupides !.. Allons donc, Gilès !..
(Il tourne lentement la tête, et voit Brulot qui remue et se met sur son séant.)

GILÈS, tremblant de tous ses membres. *Caspita* !.. qu'est-ce que je vois là ?.. mon... monsieur... j'ai... ai... bien... l'honneur de vous saluer !.. que... la terre vous soit légère !.. (Brulot étend un bras.) Que demandez-vous, défunt hussard ?

BRULOT, d'une voix sépulcrale. Je voudrais un litre à quinze !..

GILÈS. *Voto a Dios* !.. il a parlé !.. Est-ce les oreilles qui me cornent ? Par charité... dites-moi s'il a parlé ! ce qu'il a demandé ?.. Je le lui donnerai, et je ne regarderai pas au prix...
(Les trois soldats font un violent mouvement avec leurs jambes.)
(Il pousse un grand cri et tombe la face contre terre.)

SCÈNE XIII.

LES MÊMES, ANITA, accourant aux cris de Gilès.

ANITA. Qu'avez-vous donc, seigneur Gilès ?

GILÈS, toujours la tête contre terre. Ah ! bohémienne, vous êtes un peu parente du diable... parlez-lui donc... Il tourmente mes défunts... Les voyez-vous qui gigottent ?

ANITA, à part. Ne bougez plus, imprudens !.. (Haut.) C'est la peur qui vous trouble, seigneur Gilès ! Regardez, ces pauvres soldats sont bien morts.

GILÈS, se levant petit-à-petit. En effet, je trouve leur attitude plus en rapport avec leur position sociale... Que diable, on est mort ou on ne l'est pas !.. Ce gros-là, surtout, avait des manières que je n'ai vues à aucune espèce de trépassé !.. c'était de la dernière inconvenance.

ANITA. Vous n'êtes pas brave, seigneur Gilès.

GILÈS. Je suis si peu brave que, si je ne craignais pas d'être rossé par mon oncle, je m'en irais tout de suite.

ANITA, à part. A merveille !.. (Haut.) Il faut donc forcément que vous fassiez la veillée des morts ?

GILÈS. Sans doute... Sans cela...

ANITA. Eh bien !.. montez dans ce grenier, et, sur un bon lit de foin, vous veillerez tout aussi bien qu'ici.

GILÈS. Oh ! quelle idée !.. (Montant à l'échelle.) Si mon oncle paraissait, venez me prévenir, petite bohémienne... Je vous donnerai pour boire.

ANITA. Rapportez-vous-en à moi.
(Elle retire l'échelle.)

GILÈS. Que faites-vous donc là ?

ANITA. Si les revenans s'avisaient de monter ?

GILÈS. C'est juste... elle pense à tout !

ANITA, touchant Adrien. Il est parti !.. Allons, levez-vous !

ADRIEN, lui prenant la main. Oh ! chère Anita !

GILÈS, reparaissant en haut du grenier. Prenez donc garde ! il va vous emmener dans son tombeau !.. C'est un affreux spectre !

ANITA, à Gilès. Ne craignez rien pour moi... Nous avons des moyens magiques pour faire marcher les morts... Allez donc vous coucher... sans cela, vous auriez peur.

GILÈS. Oh ! oui, je vas me dépêcher de dormir !   (Il disparaît.)

BRULOT. Ah ! le grand gredin, je lui en ai

donné du spectre... Allons donc, debout, Patochon... réveille-toi... (Il le secoue.)

PATOCHON, bâillant. Ah !

BRULOT. En v'là une bonne, il dormait, ce brigand-là !

(On lui tend la main pour le relever.)

GILÈS, reparaissant en haut. Ah ça ! quel sabbat fait-on là-bas ?.. Impossible de clore ma paupière... Que vois-je !

(Ici la musique exprime le bruit de pas d'hommes et le piétinement de chevaux.)

ANITA. On vient ! Eh ! vite, cachez-vous là, dans ce petit caveau !

BRULOT. Y a-t-il du vin ?

GILÈS. Ah ! grand Dieu ! Anita, que faites-vous ?.. Mes chers défunts, si vous vous en allez, vous compromettez un pauvre jeune homme !

BRULOT. Sois donc tranquille, nous reviendrons pour nous faire enterrer !

(Ils descendent vivement dans le caveau.)

SCÈNE XIV.

ANITA, ZÉBRO, GILÈS, GONZALÈS,
LES BOHÉMIENS, LES GITANAS.

ZÉBRO. Accourez, enfans !.. réjouissez-vous !.. Viens, Anita, ma fortune est faite, et tu seras riche en m'épousant... Les trois prisonniers français, je vais les livrer.

ANITA. Aux Espagnols ?

ZÉBRO. Du tout, à leurs compatriotes, à un colonel... un de leurs parens, qui m'a promis cinq cents piastres...

(On entend plusieurs coups de feu dans le lointain.)

ANITA. Ciel !

GONZALÈS, qui paraît. Tu peux les rendre, ils sont morts !..

ZÉBRO. Morts !

GONZALÈS. Oui ! j'ai vengé mon pays et les outrages que ces misérables m'avaient fait subir... Leurs cadavres doivent être là... Mon neveu Gilès veillait...

GILÈS, de son grenier. Mon oncle, je les ai gardés, vos cadavres... mais ils sont allés faire un tour... Ils m'ont bien promis de revenir pour leur enterrement.

GONZALÈS. Que dit cet idiot ?.. Il est ivre encore !.. Tu ne pourras pas faire ton marché, Zébro... Tiens, voici les hommes qui ont fusillé ceux que tu voulais rendre.

LE MONTAGNARD. Ils sont bien morts, j'en réponds !

ZÉBRO. Tu en répondras devant l'officier français, car je l'ai amené ici... Il me suit.

GONZALÈS. Tant mieux !.. Ces coups de feu m'annoncent que nos troupes arrivent aussi... Nous allons les bien recevoir.

(Il sort avec les montagnards.)

SCÈNE XV.

ZÉBRO, ANITA, LES BOHÉMIENS, LE COLONEL FRANÇAIS, TROUPES FRANÇAISES, LES HUSSARDS du 2ᵉ acte.

LE COLONEL, à Zébro. Où sont les trois soldats que tu as arrachés aux guérillas ?.. Voilà la somme que je t'ai promise.

ZÉBRO. Hélas ! seigneur français, excusez-nous... Je croyais les retrouver vivans... mais un enragé espagnol, le corrégidor de Saint-Patrice, les a fait mettre à mort.

LE COLONEL. Que dis-tu là, misérable ?.. M'as-tu trompé ?.. est-ce dans un piége que tu m'as attiré ?..

ZÉBRO. Non, je vous jure, j'y perds plus que vous.

LE COLONEL. Plus que moi !.. Sais-tu que mon fils était l'un de ces trois jeunes gens. (Tombant sur un banc.) Malheureux père !

ANITA. Ne désespérez pas, seigneur français, je puis vous les rendre, moi.

LE COLONEL. Toi, jeune fille... Tout ce que je possède est à toi... Que demandes-tu ?

ANITA, sans être entendue de Zébro. Le bonheur de retourner en France avec vous... Dans un instant, je vous amène votre fils et ses deux compagnons. (Elle entre dans le caveau.)

UN OFFICIER. Colonel, nous avons perdu quelques braves dans le défilé qui précède cette montagne.

LE COLONEL. Faites l'appel.

(L'officier commence l'appel par le haut de la colonne. Pendant ce temps, Adrien, Brulot et Patochon sont venus prendre leur place au rang des hussards.)

L'OFFICIER, arrivant à Brulot. Bertrand !.. Denis !.. Vincent !.. Patochon !..

PATOCHON. Présent !..

L'OFFICIER. Brulot !..

BRULOT. Présent !..

L'OFFICIER. Adrien !..

ADRIEN. Présent !.. mon père !..

LE COLONEL, et LES AUTRES. Mon fils !.. son

(Ils s'embrassent avec transport.)

ZÉBRO, s'avançant. Seigneur officier, vous me devez la récompense promise, car, enfin, sans moi...

LE COLONEL. C'est-à-dire qu'elle appartient à cette jeune fille... Tiens, prends !..

(Il donne une bourse à Anita.)

ANITA. Et moi, je te la donne, Zébro...

ZÉBRO. Allons, viens dans nos montagnes, Anita ; en t'épousant je ferai de toi la reine des Gitanos.

ANITA. N'y compte pas, Zébro, je retourne en France. (A Adrien.) Voulez-vous m'emmener ?

ADRIEN. Anita, je jure de te consacrer cette existence que tu as sauvée tant de fois...

ZÉBRO. Je suis trahi !..

BRULOT. Un peu, mon neveu !.. La petite ne dansera plus pour toi.

ZÉBRO, jetant la bourse. Voilà votre or... Nous reprenons nos armes !..

GILÈS. Gracieuse Anita, puisque vous leur avez rendu l'existence, rendez-moi donc l'échelle.

(Deux ou trois bohémiens se jettent sur la bourse. Zébro recule de quelques pas avec ses hommes. Gonzalès reparaît à la tête de ses guérillas. Com- Les Français sont vainqueurs. Tableau brillant et général.)

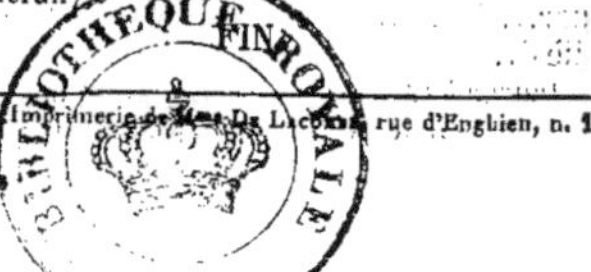

Imprimerie de Mme De Lacombe, rue d'Enghien, n. 12.